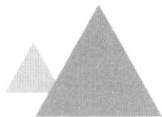

大学创业教育的
理论与案例研究

DAXUE CHUANGYE JIAOYU DE
LILUN YU ANLI YANJIU

徐旭英 著

浙江工商大学出版社 杭州
ZHEJIANG GONGSHANG UNIVERSITY PRESS

图书在版编目（CIP）数据

大学创业教育的理论与案例研究 / 徐旭英著 . — 杭州 : 浙江工商大学出版社 , 2021.2
　ISBN 978-7-5178-4353-5

　Ⅰ . ①大 … Ⅱ . ①徐 … Ⅲ . ①大学生－创造教育－研究 Ⅳ . ① G640

　中国版本图书馆 CIP 数据核字 (2021) 第 031630 号

大学创业教育的理论与案例研究

徐旭英 著

责任编辑	张婷婷	
封面设计	潘　洋	
责任印制	包建辉	
出版发行	浙江工商大学出版社	
	（杭州市教工路 198 号　邮政编码 310012）	
	（E-mai1：zjgsupress@163.com）	
	（网址：http：//www.zjgsupress.com）	
	电话：0571-88904980，88831806（传真）	
排　　版	杭州红羽文化创意有限公司	
印　　刷	浙江全能工艺美术印刷有限公司	
开　　本	710mm×1000mm 1/16	
印　　张	16	
字　　数	205 千	
版 印 次	2021 年 2 月第 1 版　2021 年 2 月第 1 次印刷	
书　　号	ISBN 978-7-5178-4353-5	
定　　价	49.00 元	

序　言

　　进入 21 世纪后，全球各大经济体之间的创新力竞争越来越激烈，我国各级政府不断出台了诸多政策措施鼓励创新创业。中国共产党在十九大报告中提出"激发和保护企业家精神，鼓励更多社会主体投身创新创业"，不言而喻，创业活动及创业人才培养的重要性受到了极大肯定。大学开展创业教育既回应国家创新驱动发展战略需求，同时也能促进大学发展和学生成长。我从 2006 年以来，一直在浙江义乌一所地方高校从事与创业教育有关的教学管理工作，亲自见证了大学创业教育的变迁沿革。十多年前，创业教育兴起之时，有很多人会问大学应不应该开展创业教育，在什么范围开展创业教育，如何开展的问题。身为一线老师和教育研究者，我时刻关注大学办学成效，并从自身大学就读经历再到走上讲坛当老师，亲身体验了大学生的苦与乐、迷惘与理想，所以创业教育研究成了我关注大学生个体成长和大学教育问题的入口。

　　本书从理论和实践案例上探讨大学如何有效开展创业教育的问题，从创业教育系统构成要素、组织管理入手分析其运行机制和改进策略。通过综合运用多种研究方法，本书提出大学创业教育的关键要素可以归纳为三个层次五大要素，分别是顶层的"创业教育目标"要素，中间层的"创业学习的制度文化"要素和"成果转化的支持投入"要素，基础层的"研究开发"要素与"教学体系"要素。实证分析发现，不同年级不同学科的学生对创业教育的接纳度和所受影响有所不同。大学的创业教育核心目标是创业思维和能力培养。根据中间层的两大要素提出两种创业教育路径，

"成果转化的支持投入"要素代表行动导向的创业教育支持路径，"创业学习的制度文化"要素代表实践导向的创业教育支持路径。由关键要素的相互关系发现，澄清创业教育价值观、区分实践与行动导向的教学风格和提供创业服务的支撑条件是构建大学创业教育主要运行机制的前提。本书提出三大创业教育运行机制，分别关注了学生培养、教师动力激发和资源整合分配三个方面，从大学、政府、个体三个层面提出了创业教育有效运行的改进策略。

他山之石，可以攻玉。我国大学创业教育的提升需要对国内外案例进行分析比较。大学这一总称之下存在更细化的类型，本书选择的案例多为综合性研究型大学，因为这些一流大学具有强大的影响力和示范效应，可为更多普遍的院校提供参考。本书没有涉及一些其他高校创业教育的差异点，未来可将普通高校中的其他层次学校典型案例也做详尽分析对比，并且与国家整体的社会经济环境、政策氛围相联系，进一步深化研究。

归根到底，大学创业教育最重要的是激发学生和教师的积极性，提高主体意识，否则政府部门、学校无论进行何种顶层设计都是无效的。大学创业教育强调大学要在自身学科专业领域内有深度的研究，能够带给企业各种益处，这才是吸引企业外部参与的关键，这是大学开展创业教育的独特性和优势。大学努力为学生创造多元性的创业教育体验的目的，是帮助他们意识到人类发展过程中多样的需求，并在学生心中埋下一颗创业种子，在未来恰当的时候激发。大学创业教育的目标可能存在多种表象，需要首先厘清。不论哪种目标，创业教育都要改变个人的生活方式和生活状态，有了个人的改变才有改变世界的机会。大学不同分型之下创业教育"和而不同"，"和"的是育人之目标，"不同"的是采用的手段和路径。创业与创业教育的连接代表了今天日益繁荣的全球经济活动，创业教育的开展和需求有其必然性和正当性。在国际竞争日趋激烈以及我们所处的环境剧烈改变的时代，大学创业教育秉持的初心是能培养出有决心改变世界的人，虽然"天纵奇才"的创业者不能完全归功于学校教育，但是其所处的教育环境必定对个人有深远的影响，所以创业教育就是要使这样的影响变得正面而广泛，让学生、家长、社会乃至教育者自身对深处当今全球化时代的创业者和创业精神有一个全面全新的认识。

目录 contents

1

导言

1.1 大学创业教育为何重要

当代大学担负众多的国家职能和社会职能，随着经济社会需求日趋复杂多样，它面临着一系列新的外部挑战。除了要在国家创新体系中扮演重要角色外，它也要承担和推进"新型"育人功能，这个育人要求不仅是培养学术人，更是培养具有创造力、创新性和创业能力的人。大学的创业教育不仅从根本上对人才培养产生影响，而且对经济社会产生推动作用。中国未来经济社会发展将强烈需要创新创业人才来支撑。大学需要让学生具有全新的眼光和开阔的思路，紧密结合世界的发展动向来培养学生。对青年而言，当代的人才竞争力依靠的不是固有知识的多寡，而是创新的想法加行动的能力。为实现以上个体目标和国家战略，大学必须加强创业教育，应对新的挑战。2017年党的十九大报告中提出"激发和保护企业家精神，鼓励更多社会主体投身创新创业"，与2014年底"大众创业，万众创新"理念一道在国家层面肯定了创业活动及创业人才培养的重要性。

我国大学创业教育实施尚处于各自探索的阶段，有效运行机制建立还存在不足。大学创业教育体系在组织结构和模式上，容易做到迅速模仿，如设立创业园、创业学院等近年来已成为大学创业教育的标准配置，在我国情境下制定文件政策也非常容易为之，但是真正的运行机制却各不相同。大学创业教育的运行机制是指大学创业教育体系的各个构成要素之间相互联系和相互作用的工作方式。运行机制所依托的基本单元或构成要素中某些要素显得更重要。大学有不同类型，需要结合学生状况和发展诉求开展创业教育，全国不同类型高校以及国内外大学之间的创业教育实践有很大区别。在注意到这些大学之间创业教育实践区别的前提下，全书聚焦于分析大学创业教育体系的构成要素是什么，哪些是关键要素，这些关键要素之间的相互关系是什么，如何建立合理有效的机制和策略来保障创业教育体系的运行。

我国高校创业教育目前发展仍滞后于创业需求和创业人才培养提出的要求，大学中创业教育普遍开展而效果却还不佳。大学通过整合校内教育资源和利用校外各类社会创业资源来推动大学生实际创业，还需强化制度设计与完善实施细则。一方面是国家要求普及创业教育，但创业教育本身缺少学科地位，创业研究较多但并不能取代创业教育的研究；另一方面是高校专业为主的传统和固有的学籍管理，与学生个性化创业发展还较难实现有机统一，创业创新往往有想法却难实践。

发达国家尤其是美国是重视创业的典范，而其世界一流的研究型大学对创业教育非常重视。国外高水平大学创业教育的经验和做法值得我们将其放在中国的情境下进一步做出探索。美国的创业型经济在20世纪的70—90年代兴起，新创小企业提供了大量的新增就业岗位，而大型企业却在削减工作岗位，绝大多数的新发明来自新创企业。20世纪80年代以前，学者们都认为大型企业和政府支持才是美国社会经济发展的源头，那时的高校认为帮助大学生在大企业就职是他们的首要目标。随着新创小企业持续稳定增长，创业引起了学者们与公共政策制定者们的关注。90年代起，有关小企业和创业的出版物和项目显著增长（Sluis 等，2008；Vesper & Gartner，1997）。企业家精神、个人主义、自我实现和创造性吸引了学术界的注意力，高校对新创小企业和创业投资越来越重视，并开设创业教育课程，创业成为经济发达国家大学生理想职业的一种选择（Smith等，2006；Shinnar等，2009）。中国目前整体上还属于追赶型发展阶段，随着工业化对提高就业率的作用越来越小，其他发展中国家如东南亚地区的国家起到了低廉劳动力的替代作用，中国经济要实现创新转型必须要发展创业型经济。创业型经济需要一大批创业人才，大学创业教育理应在这个部分发挥重要作用。目前，无论研究型还是应用型大学都面临转型改革的问题，创业型大学议题备受关注（Blenker，2006），创业教育改革与大学转型发展之间有一种内在的联系，甚至有本质的内在一致性，即知识作为资本和创新精神。如何开展创业教育对大学而言是日益重要的课题，大学对有效创业教育的诉求可谓与日俱增并迫在眉睫。

我国高校创业教育在过去10多年里发展非常迅速，已有许多创业教育典型案例，但是对这些出现的各种类型和形式的创业教育并没有一个历史的和全面的研究。我国大学的创业教育的新形式和新问题值得研究。现在几乎所有大学都开办了创业园或孵化基地，普遍开设创业课程，有的设立专门培养计划，很多大学还有创业研究中心或学生创业服务机构，但是创业教育的具体实施和实施效果，学校之间有很大差异。大学中存在一定程度的"低效创业教育"，即高投入低参与，如研究型大学开设创业教育课程与项目支持投入的程度最高，但是学生参与度与其他类型院校相比较低，学生的创业意向也较低（朱红，2014；梅伟惠，2009）。许多学校引进了校企合作实验室、孵化中心等，但效果不显著，也还没有进行系统性的测评。有的学校"被动式"开展创业教育，只因为管理部门要求或者为解决大学生就业难的问题，管理者和教师的动力还未被激发。科学的创业教育运行机制至关重要，创业教育的兴起对中国高校来说应该是一场难得的变革机遇。

我国大学一直面临着重科研但不重教学、重学术理论而轻学生的创业创新实践能力、重教师的科研成果而忽视其转化应用和创业发展的问题。本研究关注的正是创业教育教学、师生创业精神与能力提升、学术研究成果如何转化为创业机遇等，这些理论问题的回答将能够帮助大学开展战略发展规划，打破我国大学发展趋同、评价趋同之固化印象，创业教育的本质是要体现多样性，让学生发挥创造力，体现个体差异。目前大学创业教育的总体现状是普遍已经开展，但很少形成整体合力，效果欠佳。创业教育是一个系统工程，无法依靠个别教师采用新方法或者某门课程就培养出创业能力。不同层次和类型的大学开展创业教育的目标和方法皆不同，但一个系统性的运行机制却是创业教育有效开展的必要前提。

创业教育能切实提升大学生的就业创业质量。大学汇聚了知识精英，但是在高等教育大众化时代，知识精英的用武之地发生了改变，不能再局限于以往的传统就业领域和就业思维。"全球创业观察"提出，相对于其他院校，研究型大学应是提升创业活动的关键，因为研究型大学以创新知识的生产、传播和应用为本职，已经成为国家创新系统的核心。大学在创业教育方面具有不可比拟的学术优势，应拥有完善和广泛的创业教育课程以及更高的知识产出效益，能对大学生未来生涯选择做出更多引导。目前大学80%毕业生就业集中在东部沿海地区，大学生学习和工作的动机，似乎只为确保他们已有的地位服务而已（石中英，2000），受过良好的高等教育却不愿冒风险，毕业生就业的区域分布反映了这一情况。大学生就业创业质量的提高不应只是个人收益的增加，更应是社会整体就业质量的提升。大学培养的精英人才应在更高层次上创业，创业成功概率更大，创业积极性和比例大大提高，该项研究的直接实践意义在于此。

世界一流大学的创业教育经验经常为我国大学所借鉴，国内有一些大学的创业教育举措受到认同，更多的院校还在探索创业教育的理论和实践方法。考察创业教育运行机制的国内外典型案例，能发现目前大学创业教育在创业孵化、学生培养、教师激励方面相关的实际问题，为创业教育战略布局和决策提出建议，并进一步加深大学创业教育的理论研究。

1.2 本书的问题和主旨

已有文献对创业教育的研究多数针对普通高校，或者从个体层面出发进行研究，对大学发展的研究重点关注于如高等教育大众化冲击、国际竞争、质量维系、研究的基础与应用之争等，较少单独对创业教育进行理论研究。大学的创新之路不可避免应考虑创业教育问题，解决大学创业教育为何要开展以及运行机制如何安排的问题。

在明确大学开展创业教育的重要性以及面临的问题和挑战之后，本书提出的核心问题是：围绕着创业人才成长的需求，大学应该有针对性地提供什么支持？建立什么样的机制来保证创业教育有效运行？大学的创业教育是一个全面的整体系统，包含了各方面的要素和关系，其中最重要的构成部分就是关键要素，关键要素之间相互产生作用和联系。在此分析框架下，核心问题具体可以分解为：

第一，大学创业教育体系的构成要素是什么？关键要素有哪些？要素是构成系统的基本单元。整个创业教育体系中最重要最基本的构成部分即为关键要素，以往的创业教育研究基于构成要素视角的分析不多，往往通过理论和案例分析是否为关键要素。

根据前人文献以及国内外高水平大学开展创业教育的典型案例研究结果，总结提炼出构成大学创业教育体系的要素（作为关键要素提取的范围）。国内外一流大学创业教育的理念、目标、组织管理等是提取关键要素的基础，另外对经验教训和问题挑战的分析有助于构建合理的创业教育运行机制。

通过对我国较高水平大学的学生（含毕业生）和教师开展问卷调查和访谈，进一步验证哪些要素是应然的、理想的关键要素。重点调查大学中成长起来的创业者对创业教育提出的需求，提炼的理想关键要素理论上应该与需求相匹配。从需求的内容角度看，有些是大学能满足的，有些还没有满足，而有些是并非大学所能做到的；从不同的学生学习阶段看，大部分大学新生对自己需要什么样的知识和能力并不清楚，随着学习年限和年龄的增长，需求愈加明了，各个阶段的学生需求不同，本科生和研究生不同；而从学生所在学科看，理工和人文学科或者商科和非商科学生都不同；从不同利益相关主体看，学校层面的目标、国家层面的目标和师生对人才培养需求的看法都不尽相同，有些需求是一致共通的。需求也标志着教育的结果，创业人才培养和创业活动促进都是创业教育的结果。

需求问题关乎教育理念和教育目的，已有文献中总结出的争论是：教育或创业教育能否教出创业人才？创业教育是为了培养创业人才还是为了创办企业？创业教育是否应该培养为创业者做服务和支持的适应性人才？学生的创业教育是通过创业而学习（关于创业的教育），还是为了创业而学习（learning with / for / through enterprise）？探讨这些问题的文献包括创业、创业者、创业教育的内涵研究，创业过程外部影响因素研究等。针对需求问题，还将从问卷和访谈调查中加以实证分析，学生对创业教育构成要素的"重要性"和"满意度"评价能反映这些需求以及创业教育的质量效果。

第二，大学创业教育的关键要素之间的关系是什么？通过什么机制和策略使要素发挥作用，保障创业教育体系有效运行？

通过访谈和问卷调查，进一步分析教育主客体、教育利益相关者的需求，并作为构建政策建议的基础。本部分意在解决我国本土的实际问题。案例研究得出的具体机制策略不一定在所有大学中都体现，通过多案例研究、访谈、问卷调查、统计分析等方法，发现制约我国大学创业教育体系有效运行的障碍和困难，寻找原因。

大学创业教育运行机制体现要素（如教育目的、教育内容、教学方法、师资、学生或团队、支持网络等）之间的互动关系，要从制度设计上提供师生创业的资源和渠道，贯穿到教学、科研和组织管理的每个环节。制度安排要体现系统性，保证开放性、灵活性，确保大学能够根据经济社会的变化做出改变，满足师生创业提出的实际需求，而不是让他们来适应已有的教育规定和教育体制。

本书不探索个体创业者的个性心理特征，而是研究在组织行为层面制定什么样的政策和措施才能使一个高等教育机构成功地孕育出创业精神。在国内外典型的创业教育案例和理论分析加实证分析的基础上，探讨大学创业教育体系的构成和运行机制的内涵，探寻我国大学现有创业教育机制的不足与困难，挖掘原因，提出建设合理有效机制的对策。

1.3 对研究方法的说明

根据本文的研究问题和研究对象，采用理论和实证研究相结合、定性和定量研究相结合的方法（Blenker，2014），对大学创业教育运行机制的内涵、关键要素、问题和不足进行研究。

运用国内外文献数据库，搜索研究问题的相关文献，进行系统梳理和分析。首先，通过对文件资料等的分析，对大学创业教育历史发展和现有情况做出归纳总结。其次，对理论基础和重要议题的相关文献进行了综述，并为之后案例研究的分析框架提供基础。再次，对国内外案例院校的创业教育体系构成要素和运行机制做出详细梳理，尤其是组织结构、培养模式和理念、管理体制、外部支持网络情况等。

本书的重点方法是多案例研究法。案例研究方法适用于对现象的理解，寻找新的概念和思路，乃至理论创建，最适合回答"怎么样"和"为什么"两类研究问题（Yin，1984），所以案例研究方法是本文的重点方法。根据本研究的问题，选择的大学案例在创业教育机制设计上应能涵盖理论文献反映出的创业教育体系构成要素。本研究选取的国外案例有斯坦福大学和慕尼黑工业大学，它们在创业教育上各有特色，首先是综合各种资料阐述清楚其创业教育体系的构成要素，再分析其实施特征、差异，能对我国大学创业教育实施的机制和改革对策产生较大的借鉴意义。国内案例选取的是清华大学和浙江大学，作为国内的综合性一流大学，其创业教育开展较早，单独作为案例的分析却还很少。本研究首先通过对文件资料等的分析，对我国大学创业教育历史发展做出总结；其次，对两所学校创业教育开展的现有情况根据要素框架做出详细梳理；再次，对共同的要素以及要素之间的关系、策略做出分析；最后，总结出特征，与国外案例进行比较分析。

在文献分析和案例初步分析的基础上，围绕研究问题形成调研提纲，选择北京（6所）、上海（2所）、浙江（1所）三地的高水平大学对其师生进行访谈。第一阶段是对3位专家和3位学生的预访谈，进行40—90分钟左右的半结构化访谈。一是反映对大学创业教育的基本看法；二是以弥补现有实证文献中的研究空白，为构建初始研究模型提供研究基础；三是对根据实证文献设计的调查问卷进行试发放，以帮助修正最终发放的调查问卷。第二阶段的访谈，是选择12位具有创业活动经历的学生或毕业生进行深度访谈，以获取其对大学创业教育的评价和进行需求分析；选择10位从事创业教育相关教学和管理工作的教师进行深度访谈，以了解其对创业教育运行机制的看法，以及在创业教育教学过程中面临的问题；另外选择了3位从事过企业或创业活动的教师进行访谈，调研其研究、教学和创业教育教学之间的关系处理，以及对本校创业教育整体的看法。第三阶段访谈是在问卷调查和统计分析结束后，就其中发现的一些问题对教师和学生进行回访，深度分析运行机制与对策。本部分将借助质的研究方法（陈向明，2000）对调研访谈记录进行深入分析，以更科学地解读访谈记录和各主体对创业教育运行机制的观点。

本研究根据研究问题、初始研究模型及由此得出的假设，并参考国内外相关研究，设计调查问卷。通过在线问卷调查网站、Email、委托他人、亲自发放等方式对国内各类大学学生（含毕业生）进行问卷调查，为实证研究提供足够的样本数据。问卷内容主要涉及创业教育关键要素的验证，创业教育实施的障碍与困难，毕业生创业者对创业教育举措的"重要程度"和"满意程度"评价将作为需求分析的主要来源。对象为大学创业教育的学生受众包括在校本科生、研究生和毕业生。本研究尤其重视对大学开展的创业教育项目或创业园、创业孵化基地内的学生进行调查。问卷调查目的：一是通过对不同类别群体的要素差异检验来一定程度上验证创业人才的真实需求；二是验证理想的关键要素，对每项要素指标进行"重要程度"打分；三是验证现实的关键要素，对每项要素指标进行"满意程度"打分；四是对比理想化关键要素与现实关键要素的差异，一定程度上预测可优化的关键要素及其运行机制。采用SPSS软件对问卷收集的数据进行统计分析，主要分为描述性统计、差异检验和因子分析。差异检验主要是对不同群体学生的反馈做出比较，因子分析使众多的要素可以简化归类。通过对"重要程度"和"满意程度"指标之间的关系探索，对构成创业教育的有效推动机制与发展障碍因素做出判断，确立创业教育实施过程的各个构成要素和关系图谱。

总体思路就是提出研究问题，找到相关研究基础，用理论基础框架指导案例研究，进一步探讨创业人才成长的需求和大学创业教育的关键要素；构建调查问卷，问卷内容主要针对运行机制的关键要素进行验证，问卷设计相应的指标来反映理想化和现实的关键要素差距，以及验证需求。通过访谈和预调查对问卷进行调整，之后进行正式的问卷发放和访谈，对问卷数据进行统计分析。最后，探讨运行机制的不足和困难，分析原因，提出相应的政策建议。

1.4 一些新结论

关于大学创业教育主题的已有研究多聚焦于宏观管理模式和生态系统，或者关注于学生个体创业行为分析，从中观的构成要素视角探讨大学创业教育运行机制较少见。大学的特殊性要求其担负培养创新创业人才的国家使命，但一直以来对创业人才培养产生直接影响和间接影响的各种因素混合在一起，创业教育体系的构成要素还没有得到厘清，这就难以形成更合理有效的运行机制。本研究既从案例和理论文献中提取关键要素和机制，也从各个利益相关方那里加以验证，案例研究、质性研究加上量化分析方法使结论更加可靠。

书中对大学创业教育体系的关键要素进行了提炼，分为三个层次和五大要素，其中根据中间层两大要素，提出了实践导向和行动导向两种创业教育支持路径。已有的研究对创业教育的模式探讨较多，对创业教育的基本单元即关键要素的研究较少。本研究的关键要素提取来自最核心的利益方即参与创业教育的学生和教师的反馈，从广泛的要素中提炼出最重要的要素，并建构了要素关系，为运行机制和策略分析做铺垫。

本书试图全面分析大学的创业教育价值观。以往的创业教育价值观研究主要是对创业教育目的进行分析，围绕大学要培养什么样的人的问题，而对创业教育价值观中的创业价值和教育价值并没有区分，也没有区分大学、教师和学生的不同立场。创业能否被教，创业怎么教，本研究把这些问题都明晰地罗列出来，并把大学、教师和学生的价值观作为重要部分进行研究和论述。本研究对创业教育系列目标进行分析，提出了"培养创业思维和能力"这一综合性、统摄性目标，使大学开展的创业教育目标明确、利于实施。

本书提出了分别针对学生、教师和学校管理的三大机制，能够比较容易应用于实践。以往的机制研究多从管理学视角出发，以选拔、评价、激励等机制为主，从大学创业教育特征本身出发的具体运行机制分析还不多。学生的分层分类培养机制除了分层筛选功能外，更重要的是基于学科兴趣和创业意向，分门别类"因材施教"。多元化教师参与的动力机制中分析了不同类型教师和不同的动力类型对创业教育工作参与的影响，与以往的创业教育师资建设研究相比更加全面。资源整合与分配机制分析了创业教育中心的重要性，并对创业资源和教育资源做出了分类。

2

大学创业教育相关理论清源

2.1 创业与创业教育如何连接

创业活动其实自古有之，对"创业"这个词开始加以定义和理论研究则与经济活动繁荣昌盛相关。有关创业的定义非常多，学者表述不尽相同，但是核心思想一致反映出创业过程的艰辛与复杂，只是侧重点不同。"创业"对应的英文单词主要是"enterprise"和"entrepreneurship"，其他还有诸如"start-up/venture"。根据权威英文词典，"enterprise"表述的是广义的"创业"概念，它不仅指从事企业、事业、商业等活动，也指向个体事业心、进取心、开拓精神等心理品质。"entrepreneurship"现在多用来指创业精神，英语世界中为美国所用，指创办自己的全新小型企业。从创业结果看创业的本质，可以概括为（Morris等，1994）：财富的创造；企业的创造与革新；变化的创造（创业指通过调整个人技能和策略来创造变化以适应环境中可能获得的不同机会）；雇佣机会和价值的创造；成长的创造（创业指积极和强烈地趋向销售、收入、资产和雇佣机会的成长）。这些结果难以一一区分，但其多样性可以增进人们对创业教育意义的认识。

面向结果的创业定义与经济学、管理学上的定义差别在于没有指出"创"所需的过程要素。这些过程要素按照用词的频次大体可分为三类。一是强调风险和回报的创业观。创业是一个创造财富的动态过程（Ronstadt，1984；王树生，2003），但人们需要承担各种风险。创业就是通过必要的时间和努力，承担相应的各种风险，并得到最终的经济报酬、个人满足等回报的过程。二是强调创业机会把握与管理的创业观。创业是围绕机会识别、开发与利用的一系列过程（Shane & Venkataraman，2000）。哈佛商学院的 Timmons 教授更是对机会做了"稀缺"的限定，认为创业是不拘泥于当前资源条件限制下的对机会的追寻，将不同的资源进行组合以便利用和开发机会并创造价值的过程（葛宝山等，2013）。国内诸多学者对此持有一致看法，张玉利、郁义鸿、李志能等人认为创业是基于发现和捕捉机会，并由此创造出产品、服务、价值的过程，在可控资源匮乏的前提下创业是高度综合的管理活动。三是强调创新与价值创造的创业观。最著名的是奥地利经济学家熊彼特提出的，创业是实现创新的过程，创新主要包括产品、工艺、生产原料创新以及开拓新市场和制度创新等。创业有助于社会阶层上下流动（于尔根·科卡，2017）。美国著名管理学家彼得·德鲁克（1985）认为，创业是一种可以组织并且需要组织的系统性工作，只有那些能够创造出一些新的、与众不同的事情，并能创造价值的活动才是创业。Gartner（1988）认为创业是新企业的建立，创业者是新企业的建立者，一旦建立，创业就结束了。此论述有一定的局限，但是强调的是企业的创立者和管理者、所有者的区别，单纯的所有者和管理者不包括在创业者内。"全球创业观察"对创业的定义包括自我创业、新的业务组织或一个现有企业的扩张，还强调创业是一种思考、推理和行动的方法（张玉利、李政，2006），也是基于机会把握、风险控制和新价值的综合观点。

　　创业与创业教育的连接，主要是侧重于对创业过程的探索和理解。创业教育不能明确区别出新企业的创立与企业维持的教育，而且也只能相对强调某个重点，创业的定义涵盖范围更大一些。早期的创业研究关注"什么是创业""创业者特质"等问题，学者们因关注焦点和知识背景不同而对创业有不同的定义，至今仍未有普遍认同的统一概念（张薇，2011）。

与创业最相关的还有"企业家/创业者"概念。最早将"企业家"作为独立的生产要素的是英国经济学家 Alfred Marshell，他在《经济学原理》（1890）中写道："企业家是消除市场不均衡性的特殊力量，其不同于一般职业阶层的特殊性是敢于冒险和承担风险。"有关企业家的历史研究甚至可以追溯到古代经济活跃地区。经济学家熊彼特对企业家/创业者的研究最有影响力。他在著作《经济发展理论》（1912）中写道："企业家就是经济发展的带头人，也是能够实现生产要素的重新组合的创新者。"他认为，创业是一种创造性破坏（creative destruction），创新与创业是不可分开的。引进新产品、开辟一个新市场、找到新原料来源、开发新工艺流程、创造新企业组织形式都是技术创新，以上技术创新很快能达成创业目的。这个基于创新的创业概念最为大学所接受。

尽管对创业的定义不尽相同，但都共同强调创业是价值实现的过程。在初创企业成熟之前以及之后，创业的行动一直存在。创业者的独特素质和能力等也只有在创业活动过程中才能得到体现，并且在过程中不断习得和改变。只有将创业的定义侧重于过程，才能与创业教育紧密相连。创业是创业者依靠自身独特的素质和能力发现和识别商业机会，整合利用各种资源，创造产品和服务，实现其潜在价值的过程。建立新企业和实现新组合都被认为是创业。

创业按照内容即"业"的类别，可以分为无数创业项目。创业的内容类别有很多，行业范围大小各不同；创业过程有草创初创、发展阶段、成就阶段和保持阶段等。按创业主体和结果的不同，分为广义的创业和狭义的创业，狭义的创业是指创办新企业；广义的创业包括公司内创业（岗位创业）、二次创业、社会创业等。大学创业教育应该关注的两类是技术创业和社会创业，技术创业以科技成果转化为前提，而社会创业则是关乎社会管理和不以经济利益为目标的一大新类型。"全球创业观察"在2002年根据创业动机的不同，把创业分为"生存型创业"与"机会型创业"，这亦是经典的类型划分。机会型创业是那些为了追求商业机会而从事的创业活动，是内生内发的创业；而生存型创业是那些别无选择或对当前就业状况不满意而从事的创业活动，是外部迫使的创业（张薇，2011）。有研究表明，机会型创业对经济增长和就业创造等方面的贡献大于生存型创业，因而机会型创业率越高越好；生存型创业率越低越好（谭远发，2010）。从历史的角度来看，中国创业活动已经开始向机会型创业转型。对于大学来说，创业教育目的是促进机会型创业，创业的定位是基于创新的，其创业者的教育需求与其他创业者有所不同。

关于创业教育的内涵没有达成统一的共识，不同学者对创业教育的合法性和学科成熟度有不同看法（Hartshorn，2005；王占仁、常飒飒，2016）。创业教育理念源自西方发达国家，不同的国家对创业教育的理解和用语不尽相同。"创业教育"的对应英文，一个是"entrepreneurship education"，另一个是"enterprise education"。两者重合的地方是培养受教育者的开放性、冒险精神。两者相比，"enterprise"更强调一种创业人格和精神的培养，它不必包含开创一个企业的实践，而"entrepreneurship education"更关注创业所需的技能和知识，能够自我雇佣和开创企业，前者侧重于理念上的转变，强调事业心和开拓技能教育，更加关注个性品质的发展，实质上指向创业文化的发展，而后者更加关注对机会的把握，强调将创意变成实践的行动（侯定凯，2000）。但这两者的区分对实际教育并没有什么影响，个性品质和企业家精神两者是交叉的，在我国学界多引用后者。我国的"创业教育"概念首次引入是在1989年，目前国内已有诸多学者辨析概念，追溯历史，如王占仁（2015）提出的广谱式创业教育，严毛新（2015）论创业教育的语义泛化。这些对创业教育的理解大致可以分为两种：一种是管理学派从实用角度出发的观点，认为创业教育的目的即在于实际上创办企业并使之维持，培养成功的企业家；另外一种是教育学派的观点，他们认为创业教育目的是创业精神和态度的培养，为人的全面发展和终身发展打好基础。

就教育目的而言，我国学者多持后一种观点。李政（2010）认为，创业教育不仅是企业创建技能的教育，更是一种新的教育理念和模式，是以培养创新创业型人才为目标导向的素质教育，包含企业家精神与素质的教育、创业意识教育和创业技能教育三个层面的内容。张昊民等（2012）认为，创业教育的功能定位应该反思，创业教育不能仅仅在于培养企业家，应该在于强化适合创业的学生从事创业活动，鼓励不适合创业的学生从事专业或者技术工作，从而实现社会资源配置的帕累托最优。而考夫曼基金会对创业教育的定义就比较偏向管理学派（Charney & Libecap，2000）：向被教育者传授一种概念与技能以识别那些被别人忽视了的机会，以及当别人犹豫不决时他们有足够的洞察力与自信心辅助行动；教育内容是在风险面前的机会识别与在资源整合的前提下创办一个企业，也包括对企业管理过程的介绍，如商业计划、资金筹措、市场营销、现金流分析等（教育部，2006）。

在实践中只要是大学开展的涉及创业支持的做法都可以归为创业教育（Hofer等，2013），包括战略政策、资源的基础设施、初创支持、评价以及课堂教育教学。狭义的创业教育通常就是指有意为之的教育教学部分，如果是外部开展的支持创业活动等行动，则不能算创业教育，创业教育和支持创业活动不是同一语义。大学对创业的支持与外部对创业的扶持和环境影响应该区分开，这正是判断大学创业教育运行机制是否有效合理的前提。

大学实施的旨在促进学生创业精神、提升创业能力和创业素质的各类活动与举措都是创业教育。创业教育不同于职业教育，也不同于通识教育或人文教育，而是一种综合体。高校作为创业教育的主导者，能够吸收社会及企业的各方面资源，通过理论知识的教授和创业技能训练，培养学生自主开发工作岗位以及创造自我价值的能力。人才培养是一个具有延时性和长期性的过程，大学教育对学生的影响显现不一定量化可见，而且创业本身是一个多种可能和动态的过程，创业教育必须持有宽容灵活的态度，广义的创业教育内涵更加符合大学的多元化职能特征。

2.2　大学创业教育和而不同

　　大学现在已发展成了一个结构、层次、类型十分复杂的庞大体系。2005年修订的卡内基高等教育机构分类法把美国高等教育机构分为六种基本类型。联合国教科文组织批准的《国际教育标准分类法》（1997年修订稿）将第三级教育（高等教育）分为第一和第二两个阶段，其中第二阶段是"专指可获得高级研究文凭（博士学位）的""旨在进行高级研究和有创新意义的研究"，开展第二阶段教育的大学也可以看作是研究型大学。我国通常将高校分为本科大学、专科院校还有研究院。国内对研究型大学还有如研究型、教学研究型等的区分（武书连，2002）。本研究选取的案例是典型的综合性研究型大学，具有强大的声誉和影响力，对其他大学有参考和借鉴价值。在"大学"这一广义称谓下，不同分型的大学也具有不同的使命和育人要求。

　　大学发展史中虽有基础研究与应用研究之争，有自然、人文、社会科学的学科之争，目前可以确定的是大学都在向多元职能发展，既要教学，也要研究与社会服务，而现在更是走在了创业型大学和"学术资本主义"

的道路上，创业型大学、企业型大学、创造型大学等新提法出现，出现了新的制度变迁机遇（罗泽意，2011）。大学传统上坚持"研究和教学相统一的原则"，以科学研究作为大学的根基，"把大学作为专心致志于真正的科学研究与科学教育机构的典型"（鲍尔生，1986）。美国借鉴和发展了德国大学的模式，以约翰·霍普金斯大学为开端，将研究生教育和高层次人才培养作为研究型大学最重要的使命。"二战"期间和之后大学慢慢开始对国家科技政策发挥主导作用，而这也是学术为社会服务兴起的源头之一（周其凤、王战军，2009）。国外许多著名学者对大学职能演变的历史阶段做了深入分析，提出对当代"巨型"大学或一流大学的追求应进行更多的反思，有关创业教育的争论就融于其中。

中国大学建设的政策演变体现了国家本位。这个本位一方面带来稳定的办学经费和受重视度，但另一方面，因教育规律、学术创新规律与行政管理规律不同，会带来趋同倾向以及学术与行政权力之间的矛盾。大学在我国各领域具有不可替代的作用，被誉为经济发展"加速器"、社会进步"推动机"和政府决策"思想库"。因此，我国不断出台政策加以建设推动。1984年开始国务院批准北京大学等一批学校建立研究生院；1994年国家正式启动高校发展"211工程建设"；1998年"985工程"战略开始实施；1999年初《面向21世纪教育振兴行动计划》指向创建世界一流大学；2000年初《中国学位与研究生教育发展战略报告》中首次提出要建设50所研究型大学；2006年《国家中长期科学和技术发展规划纲要》明确提出，"加快建设一批高水平大学，是我国加速科技创新、建设国家创新体系的需要"；2007年教育部发布的《关于加快研究型大学建设 增强高等学校自主创新能力的若干意见》又提出了到2020年的具体发展目标。及至"2011计划"启动，都体现了国家希冀借助于大学强大的科技创新能力，提升国家竞争力。

从历史看，精英教育被视为大学一贯的独特使命。克拉克科尔（2001）认为，不应把大众化高等教育的学生都容纳在精英框架之内。美国的教育分类发展模式就是将高等教育大众化和精英培养的责任分开，给予不同的高校。高水平的教学是精英教育的关键，创业教育的开拓是对高水平教学的新考虑。创业教育的实际目的之一应该是有助于创新创业人才的迅速成长，使其具有更高更宽的社会视野和活跃的思维，发现社会中值得探索的新问题（马小辉，2013；张呈念等，2014）。强调学生的学术成果应用和进行创业实践，实际上这是当代反复被各大学提及和认可的学生培养途径，问题是如何顺利地做到这一点。

创业教育虽已成为我国及世界高等教育改革与发展的一种新趋势，但很多研究显示创业多被看作高不可攀的活动。在多数学者或创业者眼里，精英论是主流，即创业不是谁都可以的，能创业者仅仅是少数。目前国家政策导向和一些学者认为，创业是一项大众化、平常化的活动，人人皆可创业，高校皆应开展面向全体的创业教育。刘德恩早在2000年就提出了开创型和革新型的创业教育，这实际上是对创业教育针对的群体做了区分，认为开创型创业教育主要针对社会群体进行创业培训，而革新型创业教育是在现有教育（主要是学校教育）的基础上加强企业教育的内容。相比之下，我国革新型创业教育的行动则微不足道，其观点的意义在于说明了目前学校教育仍然不利于培养学生的创业能力，它忽略甚至压制学生的主体意识，以片面社会化代替个性化。

精英论与大众论引发了不同的创业教育目标和内容。有学者认为创业教育广义上是培养与时代潮流相适应的具有创新意识和创新能力的高素质人才，进而提高整个民族的创新水平，促进经济发展和社会进步；狭义上是指通过教学活动以培养学生的创新精神、创新思维、创新能力以及创业的个性为主要目标的教育理论和方法（张玉利，李政，2006）。广义说易雷同于素质教育。还有学者认为广义的创业教育就是培养具有开创性精神的人才的教育，而狭义的创业教育则是与就业培训结合在一起的，为受教育者提供急需的技能、技巧和资源的教育，使他们能够自食其力（彭钢，1995）。这一观点的实质是创业教育目标究竟是培养人才还是解决就业，此分类法的不足是在广义上不能区分创新，而在狭义上又过于窄化创业教育内容。精英论和大众论对大学创业教育的影响还在于引发了究竟大学生应不应该接受创业教育，创业教育的"深度"和层次该如何设计的基本理论问题。不同层次的大学对创业教育有不同的期待，这与大学自身的使命和定位有关。

不论何种创业教育概念，都应该具有概念的不可替换性。很多大学提出创业教育的目标不是帮助学生开办公司，而是着力于培养具有开创性的人，将精神、意识、能力等都包含在内。这其实并未脱离传统的大学教育理念。创业教育定位为创新型人才培养（杨晓慧，2015），具有理论说服力，但是不能突出创业教育的独特之处，高校专业教育的目标也是培育创新人才，有泛化创新之嫌。创业教育要激发真正内生的学习兴趣及创造志趣。从这个意义上来说，创业教育的目标超越了对就业的补充和替代，是对育人树人的改革和发展。创业教育还有个潜在的意义，就是通过创新驱动和创业引导来改变教育与实践长期脱节的现状。不同的大学并不存在同一模式的创业教育，创业目标与创业教育的目标也不同，创业活动达到什么样的结果不能为教育中一个单独的因素所决定，但是不同大学创业教育的共同之处是都侧重于"教育"两字。教育是育人，创业教育的育人手段是创业活动，创业活动可以展现出千种面貌变化和过程状态，大学生以及教育者如何参与和利用创业活动，这正是大学创业教育和而不同的要义。

2.3　创业教育的过程和系统分析

大学创业教育面对的是大学生，与中小学生不同，也与进入社会的成人相区别，他们是特殊发展阶段的人群。创业教育对个体的影响体现于内隐和外显两部分。内隐部分即意识、态度等心理变化，外显部分则是对创业的认知表达和行为。在梳理创业教育的心理学理论基础上，本书重点引用了创业教育内化机制理论和创业生态系统理论。内化机制表明的是创业教育运行机制中教育所希望给予学生的知识、能力、素养如何内化到个体，通过哪些教育要素影响学生对创业的认识。创业生态系统理论表明的是外在于大学的环境因素如何影响着学生的创业认知和行为。

2.3.1　创业教育过程模型

成功的创业者总会引起人们的好奇和围观，他们正是崛起的企业家，很多研究想揭示企业家是如何成功的，即创业过程和创业成功的机制。从心理学角度加以解说比较有影响力的主要有特质论、机会论。"特质论"强调创业者所具备的某些心理特质是导致其选择创业或获取成功的关键。20世纪80年代以来，创业研究大多聚焦于新企业成立后的生存与发展，没有充分关注新企业诞生前的行为规律（Aldrich，1999），新企业诞生前的活动会影响其后续成长表现。从演化的角度来看，创业过程被划分为构想、孕育、生存、成长等相互关联的四个阶段（Reynolds & Miller，1992）或三个阶段（唐靖、姜彦福，2008），但实际过程并非线性的。新创企业是创业行为的产物，创业行为研究应该成为解释创业过程黑箱和新企业产生机理的关键（张玉利、赵都敏，2008）。创业认知学派开始从关注创业者行为深化为研究创业者认知，以"情境—思维—行为"为研究框架，探索创业者行为背后的认知成因和机制（杨俊等，2015）。了解新创企业的创业行为和创业者接受创业教育便显得尤其必要（Gartner，1988）。"机会论"认为对机会的感知能力、对机会的把握以及对机会的组合与整体引领是创业成功的关键。该理论对创业机会存在多种理解，有偏静态的定义和偏动态发展的定义（唐晋，2008），静态的定义强调外部环境变化的机遇，而动态定义侧重于人对机会的利用与把握，后者更能反映不同的人对待机会的态度不同，只有少数创业者能抓住机会。

特质论、机会论试图说明创业者是如何成长形成的，但是以特质为主的创业研究只能回答"什么人适合创业"，如爱冒险的、高成就动机的、高自我效能感的人，却不能回答创业行为和创业决策以及创业结果的实际问题。具有创业特质、创业意向的人很多，而转化为行动乃至创业成功的人很少。大部分的创业研究集中于就业人员或者创业家的创业，较少关注大学生创业。仅仅测量特质和人口学变量可能很难区分创业和非创业，创业者之间的差异比创业者与非创业者的差异更大。所以用综合的心理模型来研究创业过程显得更科学（Rauch，2000）。苗青（2005）以论述形式阐述了基于认知观的创业过程，对大学生认知改变、识别机会的能力提升、初创决策有教育指导意义，认为创业行动最终实施与否依赖于创业者的风险知觉和认知偏差。韩建立（2005）谈到，个性特质、认知模式、教育培训和创业经验影响个体的创业精神，但没有进行实证研究来证明。国内利用创业者核心素质来分析教育意涵的研究较多，徐小洲和李志永（2009）认为创业者的核心素质包括核心特质、核心能力和创业认知。创业准备知识包括基础知识、法律法规，但是对创业成功来说不是最重要的，创业者的核心特质可用量表测量。创业核心能力包含创业的知识、创业经验和创业技能或行动能力。湛军（2007）认为，创新能力是创业教育的核心模块，其与风险应对能力、管理组织能力共同构成了创业三大基本能力，但概念之间还是有混淆。

大学生创业教育问题中常见的研究指标有创业意向。创业意向是指要不要创业、想不想创业的一种心理认知，意向停留在思维层面，是向行为层面转化的前提。创业意向研究能对创业教育提供一些指导意见。创业意向可以说是评价创业教育结果的最常用因子，对意向的影响因素研究颇多（Graevenitz，2010；Souitaris，2007；Thomas，2006），一般都放入心理模型进行研究。Davidson（1995）构建了一个经济心理模型来解释哪些因素影响了个体的创业意向：决定性因素是一种坚信自己创业是合理选择的信念，而信念产生的依据是态度的变化；教育方面，低于平均水平的受教育者不大愿意自己创业；另外，具有小公司、自我管理的公司工作经历的人中有更多创业者；专门技能对创业信念和创业意向都有显著影响。在中国的背景下，钱永红（2007）构建了影响创业意向的心理模型，提出两个层次六个维度的影响因素：个体特质水平（个体自主性、个体成就动机水平、个体风险承受力）和个体资源水平（对所需资源的评估、个体对创业回馈的评估、对未来就业形势的预期）。Pruett（2012）利用在创业教育系列研讨会收集的参加者数据，研究了创业意向的影响要素，并在一个纳入社会和心理因素的创业意向模型中进行检验。他发现，创业型性格和研讨会参与显著影响创业意向，社会角色扮演和家庭支持的强度没有显著影响创业意向，并与以前的研究相比，男女的创业兴趣没有显著差异（Bae等，2014）。

教育对创业意向的影响可以说是非线性的，教育水平过低对创业意向不利，但是也并非越高越有利，还要根据情境加以分析。有学者通过研究不同群体创业意向对起薪的敏感度来间接推断大学生创业意愿的形成动机，发现他们更可能为就业质量低、迫于经济压力而产生被动型创业意愿。勤工俭学经历可以显著提升创业意愿（蒋承、刘彦林，2015）。然而多数研究表明，创业教育显著提升毕业生创业意愿，高校应该进一步扩大创业教育覆盖面，提升创业教育质量（李静薇，2013）。徐小洲和叶映华（2010）检验了影响大学生创业意向的可能因素，包括个体的人格特质、社会资源、先前知识和创业认知。结果表明，高自我要求和高创新素质的浙江大学学生在创业意向上低于宁波大学等学校，除了区域文化原因外，作者认为今后需要对学校的创业教育导向等问题做出探讨。另外，创业课程和创业经历对学生的创业意向有正效应。这里缺乏的研究是，大学的创业教育如何连接社会。

创业认知、信念、专门技能、经历都是教育可以加以改变的部分（Deniss 等，2012）。以上创业意向及其影响因素在不同的人群中会有些变化，针对大学生可以进一步提出明确的教育改进方法。

近几年，关于创业意向的研究从个体特质研究开始转向在政治、经济、教育、文化和法律等环境因素的影响作用下创业个体如何变化的过程研究（Luthans 等，2000）。如 Morris 等（1994）的创业输入–输出模式，认为对创业强度可进行评估，创业强度（entrepreneurial intensity）是结合了创业频率（frequency of entrepreneurship）和创业深度（degree of entrepreneurship）而言的。Briga Hynes（1996，2007）的创业教育过程理论，则是构建了包含输入、内化过程、输出的创业教育内化模型，其输入因素主要是指围绕学生个体的心理、生理、家庭、社会特征因素，内化过程主要是聚焦教育内容和教育方法，输出则仍然是个人特质。该模型勾勒出了创业教育应有的几个重点：对创业者的认识和挑选；对创业教育内容的选择；对创业教育教学方式方法的采用；输出端的成果如何评价。这一模型的不足在于：输入端没有显示出与外界的关系网络；输出端缺少对创业行为的测量，而内化过程聚焦还应有更广泛的内容。另外，还有 Alain Fayolle（2009，2012）从为什么教、为谁、教什么、怎么教、结果如何五个经典教育要素出发提出了创业教育的教学模型框架。王转转（2012）用企业家成长理论来论述如何开展创业教育，倒推创业教育对企业家产生的作用，认为创业教育使得参与者对自身创业能力有更真实的评估。

以上过程模型的提出或是依据业务生成过程，或是教育内化过程，本研究归结为创业教育内化过程（图2-1），该理论模型要反映创业教育中个体内在能力信念和行为的转变过程，以作为分析创业教育关键要素的基础。

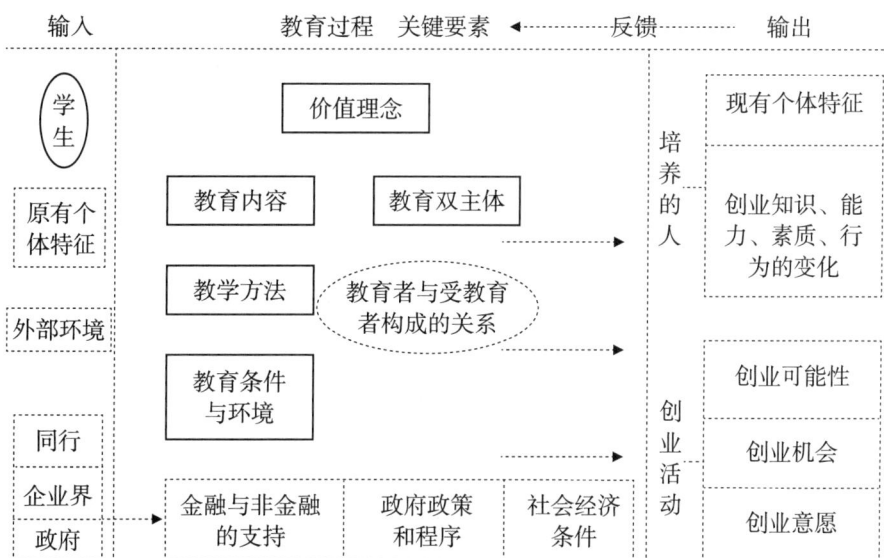

图2-1　创业教育内化过程模型

根据创业能力来自创业实践的理论假设，只有在创业实践中的创业教育才能达到能力提升的目的。未经体验活动和行动的大学生无法估计和确定自己是否具备创业能力。基于创业教育之前以及接受创业教育的过程中生成的信息，了解自身创业能力的模型是一个过程模型。创业教育会对学生创业能力的信念产生影响。创业教育只要导致创业信念更明确、对自我各种能力判断产生更大分化，都是有效的，因为能更加清晰地分离出不适合创业者。在以上以个人为中心的主导模式下，Robinson 等（2011）提出了创业教学中的体验式教学，分别强调基于技能的方法、基于态度的方法。这种情况下，学生从一开始就应参与真实的企业经营，并获得特殊培训。建立真正的企业也是创业教育目标的一部分（McMullan & Gillin，1998）。这种教育需要结合多种资源。

对于建构的这个创业教育过程模型，有几个重要的过程要素，第一个是价值理念，即创业教育是为了什么。美国的创业教育通常被认为是较早兴起和发展的，现在已经超出了商学院的范围，进入了工程学和艺术学等领域。但结果是创业教育被看作不成熟的学科，仍在为概念和方法论争论，在为学科合法性而苦苦挣扎（Brazeal & Herbert，1999；Kuratko，2005；Neck & Greene，2011；Solomon 等，1994；Katz，2008）。人们经常带着一连串疑问（Caird，1992；Smilor，1997；Henry 等，2005；Kirby，2006），创业者是天生的还是培养的？创业是一组技能、原则和条件能够学习的吗？或是一种思维方式或一组属性能被人掌握，使人变得善于把握机会、勇于冒险和自主创新？

关于大学生创业的争论一直存在，最为明显的是当创业与学业存在矛盾之时。清华大学很早就推出允许大学生休学创业的政策，当时就引来社会舆论争议，教育部正式公布文件通知鼓励扶持开设网店等多种创业形态，与之前一样，也引来了同样的争议。虽然近年来创业比例逐渐走高，但不得不承认的一个事实是，选择创业的大学生还非常少。一定程度上表明，我国教育部门、高校推出的鼓励创业措施较难见效。究其原因之一，创业教育理念和人才培养目标都不够清晰：是为了缓解就业压力呢，还是为了发掘和培养青年的企业家精神、促进企业家活动呢？是所有学生参加创业教育项目，还是分层分类做出筛选？制度上激励教师参与创业活动以及引导学生创业，会不会和其他大学职能冲突？各种关乎理念的问题还有待回答，不同的目标定位会导致不同的政策设计和政策执行。

借鉴知识论和心理学理论，国内学者从创业能力培养角度论述创业教育目的的较多。有学者指出，大学创业教育的实质就是创造有利于创业隐性知识生成、转移与共享的环境与条件。所谓创业能力，是指在一定条件下人们发现和捕获商机、将各种资源组合起来并创造出更大价值的能力，即潜在的创业者将自己的创业设想成功变为现实的能力（柴旭东，2010）。Gibb（1987，2002）认为"创业能力"概念中的术语"能力"指的是能够以一种创业的方式表现出来的技能、知识和态度。创业能力由构成那些在多变的全球环境下追求个人、组织和社会的有效创业行为的必要充分条件的基本能力组成。由此，可以看到创业教育目标的复杂性，通常创业教育的重要目标是创业能力，但是创业能力究竟以什么来体现，是强调学生的创业行动，还是仅看创业意识，本书会继续探讨。

第二个是内容和方法。教育内容涉及开设的正式课程和第二课堂、实践课等问题。《全球教育倡议报告（2009）》提出创业教育的内容包含以下课程：创造学、创立新企业、企业经营理念的开发与机遇识别，企业策划、领导能力，创业营销，企业财务、成长管理等其他软技能。MIT创业中心开设的35门课程聚焦于技术创业，创业辅导中心给予学生贴身的指导（刘林青等，2011）。

目前传统的创业教育不能向学生传达有效的信息。大学开展的三种基本创业教育类型：一是面向整体的素质教育类型，以在整个校园中形成和保持创业文化、培养创业意识为目标，创业教育是所有教学活动的有机组成部分；二是优化创业教育的课程内容和教育形式，让原有的创业课程更有效，使学生通过参加创业培训而加强自我认识，其特征为信息的传递、接收和分析，教材或文本也是重点（Edelman，2008）；三是筛选部分学生开发出专门课程，提供全面综合的支持，以实际创业为导向的创业教育。这几类创业教育理念未达成共识，知识体系也未能整合，导致了创业课程目标不同（Garavan & O'Cinneide，1994）。国外有学者对创业课程的大纲进行审查发现，创业课程的主题有116个，重合的只有三分之一（Fiet，2001），美国创业教育的国家内容标准引起了学者的注意，但它只具有指导意义（曾尔雷，2010）。学者们开发的课程内容如此不同，以至于很难确定有一个共同的目的（Henry等，2005）。然而，国内的创业教育课程内容相当一致，但是不见得有效。所以，创业教育内容在分散与统一之间需要把握平衡。

学者试图将各种创业教育教学归类，大学也希望构建自己的创业教育模式框架（Burshtein，2006）。Laukkanen（2000）区分了为创业的教育和有关创业的教育；Rasmussen和Sorheim（2006）将学习创业描述成一种现象而不是为了成为企业家而学有用的技能。Falkang和Alberti（2000）试图将不同课程重点拟合分为两类：一是讲解创业精神及其对经济的重要性，学生与这一主题存在距离；二是有经验元素的课程，训练学生创立企业所需的必要的技能。Neck和Greene（2011）勾勒了三种传统上的创业教育，即创业者的世界（创业者作为英雄）、过程的世界（规划与预测）和认知的世界（思考与操作），又增加了第四种"方法的世界"（强调价值创造，掌握超越理解、知晓与表述的应用与行动）。Jones和Matlay（2011）认为，创业教育规范化的难度在于学生、教育工作者、机构、社区等之间复杂和多样的关系，每种都代表了不同的背景、价值观、需求、渴望和参与创业教育的原因。作者倡导超越创业教育项目标准化的主张，不是期待项目将带领学生"直接为地方经济重建服务"，相反，他们提出除了创造一个新的商业，更广泛的是学生成果涉及社会创业、内部创业和购买现有企业。这些原因使得评估创业教育项目的统一标准很难制定，鲜有评价工具被广泛应用的例子。

创业教学方法体现出创业教育的复杂性和不协调，表现在实现各项目标的方法和目标之间的模糊界限（Mwasalwiba，2010）。方法的讨论仍然离不开广义知识概念包含的认知和技能的分类，大多数的创业教育都是对一般创业理论和过程的知识描述，缺乏如何参与到创业过程中的计划或项目，来让学生掌握"如何做"和"为什么"的知识，后两种知识通常以"技能"来概括。通过文献发现，加州大学伯克利分校创业教育课程的授课方式改革较为成功，方法上采用独特的"伯克利法"，其中体验教育占了50%，包括创业体验、竞争性学习、游戏学习，把简单的小组练习变成现实生活中实用且有趣的公司项目（杨玉兰，2013）。类似的理论和实证研究还有工科的创业教学方法（石变梅，2012；李纯，2015），服务型学习创业教学的策略（刘志，2015）等。

第三个是组织管理。高校创业教育组织体系的构建包括建立学校层面的创业教育工作领导小组、创业服务中心、校友会、创业中心、技术创新中心、产品开发中心、创业咨询机构、技术转移办公室等。与其他高校的创业服务一样，大学的创业教育组织管理备受关注的是设立具体负责大学生创业教育工作的组织机构和相关制度。目前创业或创新服务中心通常提供各种服务，也有专门人员，但是人员相当有限，且经验不足，大学的顾问资源可以进行进一步开发。Hsu等（2007）认为校友会在经验的传承和邀请校友分享亲身的创业体验方面对学生的创业能力形成功不可没。学校创业中心可提供新创事业的发展、投资等创业课程给学生；校内创业咨询服务机构的设立能为大学生提供各种指导和咨询，且为学生开展创业实践活动以及创业能力形成起到积极作用，采取多种形式培养学生的创业能力；技术转移服务机构主要由大学里的技术转移办公室和一些技术咨询、评估、交易机构组成。技术转移办公室负责大学技术转移的联系、转让及跟踪反馈工作（彭绪娟、彭绪梅，2007）。技术转移办公室的角色很关键，工程科技创业者需具备技术转移过程的知识，想要创办新企业大都要获取技术许可而创办（George & Bock，2011）。这类技术转移服务机构可以为那些欲从事工程创业的学生能仔细、客观地评估技术潜力以及自我的动机提供服务。国内有学者（李政，2011）认为，我国大学创业教育近年来有了较为迅速的发展，出现了创业学院和强化班等组织模式，但也存在着课程单一、教学方式和方法滞后、师资不足等突出问题。为此，应该树立正确的创业教育观念和理念，建构完善的创业教育体系，积极进行创业师资及相关课程与平台建设。关于内部组织与管理的探讨要涉及这些机构的设置和功能的发挥，其中包括重要的教师队伍培养与激励问题。

2.3.2 创业生态系统

近十年中，创业或创业教育作为大学（创业）生态系统的研究成为一个重要领域，从动态的以及全面发展的视角看待创业教育问题，将教育体系外部的各类关系和内部的互动展现出来。创业生态系统也可以说是创业教育的环境。创业理论包括初创相关理论、资源论和环境论等。Valdez（1988）最早提出创业生态系统概念，并构建了一个创业生态系统模型，指出创业生态系统由想要成为创业者的人以及创业环境两个动态要素构成，通过对创业者及其所处环境之间关系的深入理解更全面地解释创业者是如何出现的，并研究环境因素的变化如何影响创业者成立新企业的决策（张玉利、白峰，2017）。麻省理工学院的"创业生态系统"将创业教育推广到斯隆管理学院之外，校内形成了数十个创业项目和中心、学生团体，共同营造创业精神和促进大学创业，效益溢出到更大的社会范围（Dunn，

2005）。其中大学的创业文化加强了学校与企业的联系，学校的良好创业环境能鼓励师生参与创业（Roberts & Eesley，2009）。麻省理工学院倡导的"创业生态系统"将创业活动与创业教育良好地结合起来，能够为我国高校创业教育培养模式提供借鉴。美国的大学往往开始并不是集中推进创业教育的（彭琴，2016），大都采用分散的课程，逐步建立中心和外围组织，构成创业活动网络，而我国目前是追赶和弥补创业文化历史的缺失，所以很快采用了集中推进的方式，如建立中心和创业学院、创业试点班、创业园孵化基地等，这也是一种独特的构建创业生态系统的方式。

国家级组织机构在学生创业能力的培养过程中发挥着重要的作用。国家层面如英国设有高等教育学会、科学创业中心、全国大学生创业委员会（NCGE）等相关的创业组织机构；美国设有国家企业育成协会、国家创业教育中心、创业家学会、创业研究会、创业教育联盟等组织机构；德国则成立了"大学创业能力提升研究协会""德国工程师协会"（VDI）等组织。这些内部外部的各种机构协同组织开展活动，构成了大学创业教育的紧密网络，通过一定的运行机制维持着良好的创业教育生态系统。

外部关系网络包含了在学校外能够对学生创业产生影响的一切事物，而这些又是与学校有关联的，需要主动构造。国内外学者（Stevenson & Lundström，2001；牛长松，2008；徐小洲，2010；梅伟惠，2010）的研究均表明，国家层面创业与创业教育相关的法律法规援助与支持，为创业人才培养建立了良好的法制环境，在促进创业的同时，也促进了创业教育。

从欧美各国法律法规支持的结果来看，国家层面相关法律法规的出台和实施，如美国的《贝杜法案》等，在有效促进高校专利、许可活动和大学科技型衍生公司创办的同时，也成了工程科技人才创业精神和创业能力培养的重要保障。针对我国工程人才的创业能力培养，相比较而言，个体层面的驱动机制、国家层面的政策保障机制在我国工程科技人才创业能力培养中所发挥的正向作用较大（高树昱，2013）。

促成大学生创业行为产生的各种因素及规律中，创业机会识别与开发、个人关系网络、大学生获取整合创业资源的途径、创业教育和创业政策得到了重点研究。邓汉慧（2009）认为创业活动开展的逻辑路径是：市场机会—大学生对机会的发现、评价与确定—整合资源—围绕机会进行创造性的资源配置—获取利润。创业机会是创业研究的核心，机会识别和开发创业机会是创业研究领域的关键问题（Detienne，2004）。从创业过程模型和大学生创业行为产生机理模型来看，在创业教育成为促进创业意向和创业行为的因素后，必须考虑到创业教育的输入端与政府、企业、市场资本等的外部关系（Shane & Venkataraman，2000）。政府意味着创业政策，创业环境则范围更广，企业和市场是风险资本和金融支持的重要来源。因此，作为专门创业教育项目就要考虑如何处理这些外部关系，以及与大学内的非创业教育体系有何关联。

就我国高校创业教育整体系统而言，虽然通过近十年的着力推动欣欣向荣，但在效果评估方面还很不足，包括对组织层面的学校创业教育质量评价，以及针对个体的创业能力或创业意识的评价。创业教育效果评价应该有微观、中观和宏观三个层次。李伟铭（2013）分析了我国高校创业教育十年的问题与体系建设，其中学校创业教育评估体系和反馈机制得到重点论述。他认为创业教育的评估应该有三方面：一是对创业教学效果的评估，二是对创业人才培养的评估，三是对创业项目效益的评估。由于时滞效应前两项都很有难度。以上三个方面评估都是从单个学校出发评价的，不能做出横向的比较，比如某类大学之间的多个学校的比较。国内对创业教育结果评价越来越重视细化和标准化，提出了一些改革的方向（王占仁等，2016），最核心的一条是不以创业率为单一指标。薛明扬等（2012）在沪苏浙皖高校创业教育状况调研报告中指出，四地中上海高校创业教育已经在较为深入地思考成效评价问题，没有将目光停留在获得多少奖项、有多少学生创业成功等极为显性的成绩上，而是将成效评价从两个层面来看：一是针对创业教育的目标受众——学生评价，对学生企业家精神养成情况和创业胜任力的综合评价，主要包括社会责任、社会创业精神、创业动机、创业知识、实习实训经历、创业课程参与度、创新创业成果等；二是针对创业教育的实施主体——学校层面的评价，主要包括组织领导、制度建设、课程建设与实施、师资队伍建设、专业与创业结合、创业实践指导、创业教育研究、学生整体创业率和创业业绩等。学校在成效评价上的手段和工具缺乏，具体学校之间的情况差异较大，各自的评价指标和标准有所不同，高校间普遍认可的成效评价体系尚未形成，对创业教育缺乏直观、准确的评价工具。

创业教育评价是高校实施创业教育对大学生的创业意识、创业技能和创业精神的培养和提高程度，以及其社会价值的实现等方面做出判断的过程。Vesper（1997）提出七个方面的评价：提供的课程、教员发表的论文和著作、对社会的影响力、校友的成就、创业教育项目自身的创新、校友创建新企业情况、外部学术联系（包括举办创业领域的重要学术会议和出版学术期刊）。这七个方面指标是站在大学整体质量角度而言的。美国对创业教育的评价以社会中介机构开展为主，《成功》《创业者》杂志每年都要对全国创业教育项目进行中立性排名（教育部，2006），这就在创业生态系统中发挥了社会的作用。

通过分析创业教育过程和系统的理论，本书提出了大学创业教育的运行机制，用来指称大学创业教育体系的各个构成要素（包括教育体系内的要素以及与其运行密切相关的其他社会经济因素）之间相互联系和相互作用的工作方式。已有的研究中以创业教育模式或体系冠名的居多，都试图"寻求一种普遍的指导模式"，但很难存在一种普遍适用的教育模式，而且每个大学如何开展创业教育应各具特色，主要在依据关键要素建立合理的运行机制上下功夫。

大学创业教育的组织模式或体系构成已有诸多的研究（曲殿彬、许文霞，2009；芮国星，2014；宋之帅，2014），有的研究对于体系、模式、运行机制概念区分不够，是否真的存在各校独有的创业教育模式仍有待考虑。国外提出了著名的全校性创业教育，及其包含的磁石模式和辐射模式的分类，与全校性创业教育相对的是聚焦模式（Streeter等，2002）。全校性创业教育是当今大学运用最多的，但其中的运行机制每个学校不尽相同，效果也不同。有研究者对我国高校创业教育模式进行了分析，提出我国大学的创业教育模式主要借鉴国外已有的聚焦模式、全校模式和混合模式三种，并针对研究型大学、一般本科和高职高专三种高校类型，分析了我国目前进行的高校创业教育现状（袁盎，2012）。国内还有研究认为（童晓玲，2012），研究型大学的创业教育体系或内部组成模块主要由创新创业教育的目标理念体系、组织环境体系、参与主体体系、课程内容体系和实践平台体系这五个方面组成，并认为是创业教育的核心，提出了创业教育运行的"三课堂模式"。不足之处在于，这些模式运行之后的效果并未加以评价，也没有这些模式的比较。

大学创业教育运行机制的独特性从以下三个方面来考察。一是大学本身的特质。如大学作为最被国家和社会期待的高等教育层级，其发展面临许多特殊的挑战，具有的资源和人才等优势大大超过一般院校，其视野和发展目标超出本区域和本国范围，高水平大学的创业教育必定在目标、内容、管理方法上要不同于其他高校。二是创业教育区别于其他教育的特质。创业教育在高等教育整体系统中只是一个部分，未来创业教育可能成为大学发展的重点战略，也可能仅作为普通教育的补充。本研究提出的创业教育运行机制和当前大学发展诉求有紧密联系。创业教育与创新教育及其他专业教育存在区别。创新可以解释为更新、改变、创造新的东西。创新集继承性和开拓性两面一体，创新不一定是首创，可以是在他人已有的发现或发明基础上，有了新的发现、提出新的问题、开拓新的领域等。创新教育通过有目的、系统的创新教学与训练，使受教育者树立创新意识，开发创新思维，提高创新能力。高校创新教育把提高大学生创新素质当作重要培养目标之一。目前，我国对创业教育的提法，多与创新教育相结合，称为创新创业教育（曹杨，2014）。在具体的教育过程中，也是常常把二者放在一起，这体现二者之间的共同之处。但创新教育与创业教育有本质差别。创业教育不止需要培养学生的创新精神，更要注重培养学生的事业心和创业能力，重在将创新思维转为行动。创业教育的进行，可以培养学生的创新精神，但创新教育却不一定达到创业教育的目标。三是运行机制不同于模式、结构或制度等视角，也不同于大多数文献集中关注某个课程或主导活动。运行机制是创业教育体系的重要部分，由关键要素相互作用而构成。体系与生态系统有类似的涵盖范围，创业教育的体系或模式在不同层次和不同类别的高校中都有相似性，皆关注于目标、师资、课程、实践等，但是其运行方式和效果是大不相同的，所以运行机制就成了主要研究问题。当某种机制能够重复稳定地运行下去时，可成为值得仿效的模式。创业教育有无模式并不重要，重要的是如何开展，有效的运行机制是什么。

大学的含义和特征表明创新是大学创业教育始终要抓住的核心。大学创业教育的必要性和可行性是较为公认的，虽然也有分歧，但本质上是对培养什么样的创业人才的分歧。大学生都应该接受基础的创业教育，最需要的人则应该给予更进一步的深入的创业指导。创业教育对学生发挥的影响，其深度和广度要进一步通过创业教育体系的改进来加以提升。各类大学如能整合自身独特的知识、资源等优势，建立合理的创业教育运行机制，必能取得更大发展。传统的高校往往是一个较为封闭的系统，现有大学生创业园区、创业教育课程、创业师资、指导机构等的功能、定位、协同性、有效性需要继续深入研究。Béchard 等（2005）对103篇同行评审的创业教育研究文献进行回顾，总结出四种主要类型的创业教育研究的当务之急：为个人和社会开展的创业教育的社会和经济作用，以及对高等教育机构本身的作用；与创业教育的系统化有关（即教学设计，利用多媒体环境，以及课程开发）的当务之急；关于创业教育的内容以及如何传授这些内容；特别考虑个别学生的教学干预的需要。这的确反映了大学创业教育研究的方向和需求，本书的研究问题正是集中于上述创业教育系统化有关的当务之急。

3

国外大学创业教育的案例

3.1 发达国家大学创业教育现状

就最新的发达国家实践状况来看，各国都开始认识到创业教育对经济发展和人才培养的作用。各发达国家的创业教育远远早于我国，美国的创业理论研究源头可追溯到130多年前（Katz，2003）。国际上创业教育已经确立了先进的理念，形成了成熟的国别模式。欧美等先进国家的高校将创业学设置为正式课程且具有相当大的规模（沈东华，2014），创业教育已形成完备的体系，基本涵盖了中小学阶段延伸至研究生阶段。英国政府在1987年就推出并实施高等教育学生创业计划，2007年以后出台了《全国大学生创业教育黄皮书》等政策文件、调查评估、执行报告20多项。《美国新闻与世界报道》2008年以来最佳研究生创业教育排名前十中，几乎每年有7所以上是Ⅰ型研究型大学，而这其中的麻省理工学院、斯坦福大学、加州大学伯克利分校等又是公认的创业型大学（Etzkowitz，2001）的典范。这意味着"创业型大学"与"大学创业教育"存在着某种关联，此关联受到创业教育研究的特别关注（游振声，2011）。

大学创业教育教学体系主要包括教育内容和课程设置，项目、竞赛等创业实践活动组织和教学方式方法。各大学在课程设置上有自己的特点。

课程设置类型包括正式的创业科目课程和非正式的创业教育活动课程。课程教学方法上目前普遍认可实践和体验的作用，不同学校会有一些差异，以案例教学或研究、理论教学、体验教学、讲座等为主，各方法采用的比例各校会有所不同，也对传统的商业计划教学等加以改进（Honig，2004）。各大学都举办创业计划大赛，"高校自发、市场导向"是其组织机制。近年来美国政府加强国家导向，引导优秀创业团队思考解决能源、教育等国家优先发展领域的问题解决方案，如2012年能源部启动的"清洁能源创业计划大赛"（梅伟惠，2015）。

发达国家之间的创业教育也有差异，总体上美国处于领先地位（季学军，2007）。美国鼓励创新创业依靠一套机制，尤其是科技和资本对接的机制，产生了诸多创业传奇。美国诸多大学重视创业教育，相应的价值被广泛认可。2013年美国商务部发布了142位研究型大学校长主动联名推动而成的《创新与创业型大学：聚焦高等教育创新和创业报告》（以下简称《报告》）。《报告》主要包括五个方面：学生创业、教师创业、科技转化、校企合作和参与区域经济发展。从内容来看，美国高校在培养学生的创业技能方面投入巨大。许多学生梦想成为脸书、苹果之类新型企业的创始人，大学愈加重视将创业精神作为一套技能来教育学生，这种技能可以适用在跨专业环境中并补充学生课堂体验。大学都在正式课程和课外活动渠道中提高学生通过创业解决全球问题的兴趣。许多大学甚至试行建立了校园加速器、创业宿舍和学生的风险投资基金。美国的大学善于利用各种手段鼓励创新思维和活动，如利用地理上的产业集群优势、不同机构间的合作、鼓励创新创业的历史文化传统、充足而持续的资金来源等，这些对大学的持续变革至关重要（赵中建，2015）。他山之石，可以攻玉，我国大学创业教育改革需要借鉴创新强国的大学所走的路径和推行的方法。

斯坦福大学所在的硅谷是世界级的创新之地，两者互相塑造。而在德国，慕尼黑工业大学明确提出创业型大学发展战略，其创业教育成就在全德领先。创业教育也是这些一流大学改革的抓手和见证。斯坦福大学、慕尼黑工业大学在创业教育实践做法和影响力上表明它们是值得研究的案例。

大学的创业教育自成体系，从教育学的理论角度看，要素包括受教育者、教育者、教育内容、教育媒介和环境；从创业过程理论看，创业教育需要符合从具有创新的想法和创意点，到形成创业规划付诸实践，进行初创以及创业后续管理与维持，这个过程中还有解决创业失败的挑战问题。基于这两个基本的理论框架，本章分析了斯坦福大学和慕尼黑大学两所世界著名大学的创业教育运行机制，其主要在于有先进的创业教育理念、强大的师资力量、完善的课程体系、宽泛而紧密的支持网络以及高效利用外部环境等，这些构成了其创业教育的关键要素。

3.2　斯坦福大学的创业教育

斯坦福大学是全世界顶尖的大学之一，也是创业教育全球最好的范本之一，国内翻译和研究的相关文献资料相对较多。其创业教育的理念是基于实用主义（冯程伟，2013），内容是以系统创业知识为主，方式上是全链条全网络式的组织运行。斯坦福大学通过创新创业活动对经济产生重要的推动作用，与斯坦福大学有关的企业经济总量足可敌国，排名可达全球第十，创造了无数就业与税收。这些都离不开斯坦福大学创业教育的功劳。调查发现，在过去十年成为创业者的人中，55%的人选择在斯坦福大学求学是因为其创业环境（Eesley & Miller，2013）。斯坦福大学的创业教育最大的组织特点是通过其理念与目标、师资与课程、支持网络等要素构成了网状布局，使校园的每个角落都充满创业的气息。

3.2.1　理念与目标

　　斯坦福大学创业教育开展范围的定位是全校性创业教育乃至面向全国，在时间轴上从本科到博士连贯一体。除了针对学生开展创业教育，它还要塑造教师与学生共同的创业性格。与我们一般所认为的创业教育培养创业者或者更广泛一点的创新人才不同，斯坦福大学对于哪些是创业人才以及潜在的创业者有清晰的认识。技术创新者、组织或企业的创始人、非营利组织建立者和社会创新者都是其创业教育的培养目标。这些人也被归类为创业者。所有的这些创业人才定位都在于以创新、技术为基石，创业教育中强调让学生形成世界眼光和全球视野，斯坦福雄心勃勃地意在培养全球的领导者。

　　斯坦福大学创业者的发展路径有了最新的变化。其一，多样的创业者。来自不同种族、不同国家的毕业生越来越多成为创业者，如亚裔占创业者总数比例已经达到11%，在非美国籍创业者中占40%以上，而女性创业也成了一个重要的分支。其二，更年轻的创业者。毕业三年内创业的学生比以往更多，而且初创时间离毕业时越来越近。其三，连续创业者。连续创业指的是同一个创业者在完成一个阶段的创业项目后又开创了新的创业项目，甚至这个项目是完全不同类型的，如有的毕业生在建立企业之后又成了公益组织或基金会的创始人。其四，社会创业者兴起。这些创业者创业的目的是为了改善人们的生活状况或做社会公益，它们一般都是微小的草根组织，主要针对教育、全球健康、经济发展、人权等领域。根据2012年的斯坦福大学自身所做的一个毕业生调查显示，已有一共30000多个非营利组织建立，当然有些已经不复存在。社会创新类的组织，如Embrace（一个通过提供物美价廉的睡袋来专门致力于减少婴儿死亡率的机构），为全美乃至全球做出了贡献。

3.2.2　师资力量

创业指导教师的构成如图3-1所示，包括企业家、业界领袖、校友、投资人等等，他们之间构成了亲密互动的网络，其中本校教师是最重要的力量。

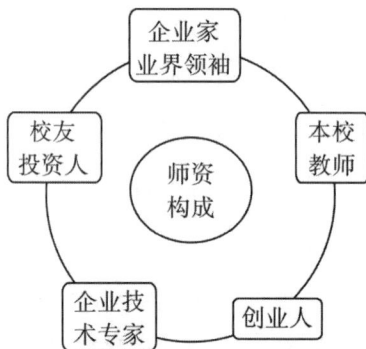

图3-1　斯坦福大学创业教育师资构成

作为核心力量的本校教师其指导已经超出传统的教学场所和教学时间范畴。许多教师的指导走出了课堂和学校，如进入学生创办的公司做技术指导或者非正式的咨询角色。如谷歌的创始过程中，先有教师的指导，等公司成立后教师便退出了企业，只在需要的时候提供咨询帮助。学生毕业后愿意留在斯坦福大学周边创业，也正是因为他们能够迅速方便地从大学教师那里获得指导和帮助。

校内创业指导教师的成长主要通过三个方面获得：研究和教学、走进企业、自我创业。这三个方面之间会产生矛盾，斯坦福大学通过严格的规章来协调。对校内教师而言，其职业生涯发展过程是能够通过创业性质的教学活动而有显著改变的：一是走进企业进行指导和咨询或做顾问对本身作为研究者获得新的研究视角有帮助；二是帮助学生创业，教学相长；三是自我创业，这类教师比例较少，但是斯坦福大学允许教师离开学校两年全身心投入创业活动，同时制定了较为完善的协同教师参与教学和创业时间分配的管理机制。对于教授创业，该校有严格的规定，比如教师可以进行创业活动的时间和日常校外兼职（包括参与创业）的总累积时间比例。通过对于技术转让的利益分配，鼓励教师创新创业，在减去技术产权转让管理相关费用后，发明者还能获得三分之一的获益额。

创业指导教师的作用在于分享经验和见解，提供咨询、技术指导。教师为创业企业带去新技术的主要专业知识，而这又帮助教师获得对产业挑战和商业需求的新洞见，有助于确立长远的研究目标。创业指导教师的一个关键角色是学生创业的引荐人，他们拥有很多资源甚至能为学生带来投资人或者合伙人。校友和企业家等校外力量师资主要参与的是讲座型课程和研讨分享。斯坦福大学有已经推出十多年的常规课程创业者思想领袖研讨会，每周请一位创业者/投资人做一个小时的分享，几乎请到了所有有名的创业者。

指导教师之间的合作文化主要体现在内部教师群体之间合作与校内外师资之间的联系十分紧密。这种联系的路径有跨学科、跨院系、跨地区、跨国家的项目。成立的联络平台，如斯坦福大学工程教育创新中心（Epicenter）的伙伴有全美高校创新者与发明者联盟（NCIIA）、斯坦福创业网络（SEN）。斯坦福合作文化从跨院系合作走向了跨校、跨地区和跨国界合作。

3.2.3　课程教学体系

斯坦福大学的创业教育课程设置根据受众分为几类：全校性的创业课程；跨学科跨院系的合作创业课程；专享的创业课程。课程内容广泛传播，其网络课程公开、共享，通过"创业角"（Econor）网站平台、校内外的研讨工作小组和会议（workshops & conferences）等进行对外的输出，提升了其创业教育的影响力和知名度。

由工程学院、商学院主导开设的一些课程供全校学生参加。不管学生来自什么专业，斯坦福大学始终认为学生应在一个强大的人文艺术学科环境背景下接受教育，使他们具有成为未来创新者和领导者的全球眼光。学校鼓励跨学科和跨院系的网络和协作，提供了机会来验证他们的想法和鼓励学生参与研究并将想法现实化。商学院通过创业研究中心（CES）和斯坦福大学创业工作室（the Stanford Venture Studio）来开展创业教育，为学生提供创业锻炼的场所。商学院课程侧重于对创业案例的分析讨论，其中有些课非常著名，能吸引其他学院的同学参加，特点是邀请案例中的真实人物亲临现场教学。工程学院的课程是通过斯坦福大学"技术创业项目"（Stanford Technology Ventures Program，STVP）、设计学院（Hasso Plattner Institute of Design，D.school）等实体机构来进行的。D.school提供关注于具体解决某个项目的课程，如识别和解决现实问题或者致力于满足现实世界需求的创造发明，参与者有设计师团队、工程师、社会科学家和商学院学生。这类课程以产品为导向，要求学生最后做出某些产品原型。

专享课程如斯坦福大学的梅菲尔德计划（Mayfield Fellows Program），针对有天赋的本科生或硕士生提供创业指导和支持活动。该学习计划提供了一个深度集中的为期9个月的工作或学习经历，每年甄选12—15名优秀的科学与工程学生参加。除了专门打造的小班课程，它还提供到最好的创业公司暑假实习的机会，以及接受硅谷精英的一对一指导。该计划中大概25%的校友从创始团队开始一直坚持服务于同一家企业。其课程作业结合了在初创企业中的夏季实习与参与的指导、联网交流活动。从1996年以来，200多名学生通过了这个学习计划，最初仅限本科生，最近两年学校也为硕士生和博士生推出了类似的项目。该培养计划体现出斯坦福大学的创业教育不会使人浮躁，而是能够沉浸专一，参与的学生极少，能够保证指导质量，注重从理论和实践两方面理解技术创业。这类项目对学生而言最重要之处还在于通过多年积累形成了一个比斯坦福大学本身更精英的创业校友小圈子。

斯坦福大学创业教育的核心方法是在课堂中汇集最新前沿理论和现实世界的专业知识。在创业教育开展最早和最为完善的美国大学中，百森商学院、哈佛大学和斯坦福大学各有千秋，其中斯坦福大学是以培养系统的创业知识为主（房国忠，2006）。斯坦福商学院在强调实际管理经验的同时，也强调对经济、金融、市场运转等理论的长期研究，重视创业技能的培养。如管理科学与工程专业面向本科和研究生，有三个就业方向：咨询、编程和创业。其课程极度面向创业，很多创业者甚至是带着项目来读该研究生专业的，计算机系的各种课程也如此。斯坦福工学院的技术创业项目的目标清晰，致力于造就未来工程师和科学家的创业技能。该项目从本科生到博士生，开设的创业相关课程从入门介绍到深入研讨，层次不一，创业教育渗透到基础课和综合课中。就创业教育内容而言，结合了基础性与综合性，跨学科领域、跨院系，不同学科相互渗透。如斯坦福商学院创业研究中心经过整合开发的创业课程，已有几十门热门课程（张帏、高建，2006）。

斯坦福大学创业课程教学方法注重产品导向型、案例导向、问题导向，可以说都是关注实践和体验，让学生更好地审视和理解自己的创业选择。创业教育课程教学的资源可以形成网络视频共享给其他想学习创业的人，而课程成果的展示也成为教学的一部分，如人机交互课结业的项目展示吸引了不少投资人。STVP、CES、D.school等开设的课程非常受欢迎，调查表明，毕业生中的创业者和技术创新者在参加创业课程、商业计划大赛以及STVP、CES、D.school等组织的项目与活动时更有积极性，技术创新者和创业者在校时更愿意参加创业教育课程，体现出学生对课程效果的评价极高。这些指导和职业发展项目对学生毕业后留在学校附近创业产生了强大的吸引力，许多创业联合会/社团也由此诞生。

3.2.4　支持网络

除了强大的师资力量和课程体系外，斯坦福大学作为支持创业教育的机构、项目、合作伙伴、团体等对创业文化和创业实践活动的影响巨大，构成了一个支撑创业的网络。斯坦福大学创业教育的支持网络指的是有助于学生创业的相互关联的具体机构、机构开设的项目和中心等，大致可以分为校内专门设立的实体机构、具体项目、协调沟通中心（主要是SEN）、技术转移办公室（OTL）、发起的国际联盟及伙伴等五大内容。其创业教育支持网络是一个不断发展建构的过程，目前已经形成了一个从上至下、由内而外的高度系统化的一体网络。如果将创业教育比作一个生物体系统，那么支持网络就是骨架，课程体系与教师队伍就是丰富这一网络骨架的"血"与"肉"。该支持网络的构成逻辑与功能见图3-2。

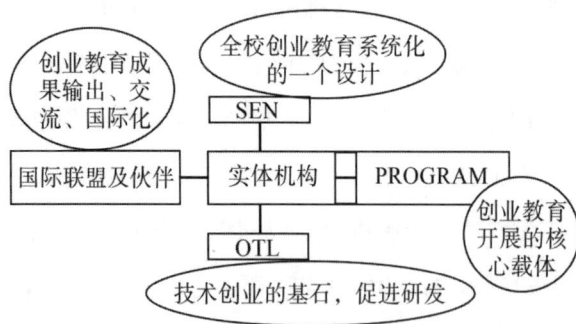

图3-2　斯坦福大学创业教育支持网络的逻辑与功能

注：除了SEN和OTL是独立的设置，其他三项均包含了多样的、不同的机构和项目。椭圆形内文字指其功能。

2007年斯坦福创业网络（SEN）正式启动，该创业网络由校内十几个创业相关组织联合而成。其主要职责中最重要的两项是：为斯坦福所有创业相关活动提供网络门户，主持整个创业社区的教育和网络构建事项。它们为有创业需求的人提供了学校所能有的全部创业相关资源，促进各组织间的交流与合作，也促进跨学科的创业教育和研究，形成了创业教育与创业的全大学范式（施冠群等，2009）。

斯坦福大学的创业教育支持网络实体机构包括商学院的斯坦福风投工作室（Stanford Venture Studio）、创业研究中心、社会创新中心（Center for Social Innovation）等，以及工程学院的全国工程教育创新中心，研究所机构、社团和学生组织、交流平台（会议、工作组、网站）。实体机构不断开展教育项目，机构以项目为生命，如工程学院的STVP和Mayfield Fellow项目，以及创业大赛。

这些网络成员的联合发挥了"1加1大于2"的功能，形成紧密的联系。最先发展起来的创业教育支持网络部门可以追溯至技术转移办公室。它在这个体系中的作用最为基础和广泛，是技术创业的制度化支持的基石，有效促进研发，并将研发转化为创业源头。OTL是全校的技术转化制度保障执行机构，对实体机构中的研究所、中心、个人开展创业项目有极大帮助。项目和培养计划依赖于实体机构开展（或通过课程，或通过活动，或通过项目作业），而这些实体机构和项目是创业教育开展最为依赖的核心部分，如某个项目可以联合五大学院二十多个系部的教师参加；SEN统筹协调斯坦福大学整个纷繁复杂的创业活动，主要发挥的是沟通交流的作用，是内部协同交流机制。

斯坦福这一具有复合功能的网络表明进行创业教育和创业实践的关键是创业理论研究及其成果与校外市场的紧密联系。创业教育最直接的目的是让学生拥有将技术和商业结合的能力。在校学生如果有项目可以申请入驻商学院的创业实验室（venture studio），斯坦福大学可以提供场地、资金、人力等资源。毕业生或校友甚至教职员工可以申请进入斯坦福大学自己办的孵化器（start-x），在 2015 年该孵化器位列全美孵化器第六强（Yael Hochberg，2015）。学生社团在斯坦福创业网络中是依靠学生自我主动性建构的部分，与校园创业文化相辅相成。斯坦福大学学生创业类社团绝大多数能够直接与校外商业环境建立联系，有的甚至能够组织创业教育与实践的国际交流，对接联系的企业项目对象常常是世界五百强的公司。有的创业社团名声在外，申请加入的学生众多，要求非常严格，有数轮面试。日常社团活动包括各种比赛、沙龙、参观、联谊活动、培训等。也有一些学生社团组织更大众化，注重强化学生、校友、行业之间的纽带。还有些学生组织专注于某一方面的创业或某一类人的创业。

3.2.5　利用外部环境

外部环境主要指的是美国的国家政策和所在地区环境。20世纪80年代初，《贝杜法案》《史蒂文森-威德勒技术创新法案》《小企业创新发展法案》[①]等美国创新战略明确提出，美国的繁荣不是因为低工资或低价格，而是开发新产品和产生新行业，美国要充当科技发展创新的世界引擎。美国有两个鼓励科技创业的计划。一个是"小企业创新研究计划"（Small Business Innovation Research Program，SBIR），该计划是由美国政府小企业局协调、多个政府部门支持的，专门资助小企业参与科技创新研究的计划，20世纪70年代由美国科学基金会（NSF）首先推出，目的是为了解决小企业

---

① 该法案涉及联邦预算在基础研究和小企业研究拨款经费分配之争，一度遭到主要的研究型大学的反对，参见斯劳特和莱斯利《学术资本主义》（2008：p42）。

在争取科研经费时经常处于不利境况的问题（龙飞，2015）。初步成功后，美国政府于1982年开始将该计划推广至其他机构。目前，美国的SBIR计划在一期资助技术可行性研究，二期资助技术商业化研究。另一个计划是"小企业技术转移计划"（Small Business Technology Transfer Program，STTR），该计划是为解决产学研合作中市场失灵而设计的，特点是通过小企业和大学以及研究机构的合作，从而建立起连接基础科研和创新成果商业化之间的桥梁（陈柱兵等，2011）。2012年在美国第112届国会第二次会议上正式通过的《创业企业促进法案》（Jumpstart Our Business Start-ups Act，JOBS Act），旨在扶持年收入小于10亿美元的新兴成长型公司（EGC），为普通人提供了原本只有大资金才能参与的投资机会。对比以往的法律条文，该法案向更多人开放了所谓的"股权众筹"市场，创业公司现在每年可以通过在线平台融资不超过100万美元，全民参与股权众筹迈出了关键一步，在众筹豁免、持股人数、集资门户等方面有一系列的创新与突破，对小企业创业环境提升具有重要影响（鲁公路等，2012）。

2011年2月，奥巴马政府出台的第一份专门针对创业的全国性计划是创业美国计划（Startup America Initiative）。在这个计划的支持下，美国自然科学基金会以五年为周期，投入1000万美元在斯坦福大学建立了全国工程教育创新中心，致力于加强全美工程类院校技术创业教育的联系，并推动美国近350个工程学院的创业资源收集与经验共享，培养卓越的创业型工程师（NSF，2011）。创业计划大赛是创业教育的重要手段，美国的情况是"高校自发、市场导向"的组织机制，但近年来美国政府加强了对创业大赛的导向，引导优秀创业团队面向国家优先发展领域的问题有针对性地开发解决方案。

在外部环境营造上，斯坦福大学通过应用研究、地区产学研合作培养人才、建立校友圈来达成。麦肯锡全球研究院（MGI）的报告认为，发展创业生态系统、营造创业文化以及提供创业资金支持是推动创新创业的三大核心要素。创业教育的成功实施，一是高校的系统化的创业教育课程和实践体系；二是足够的经费支持高水平的研发，以确保大学生创业的科技引领性；三是需要完善商业环境促进专利转化，以减少创业的障碍；四是需要全社会弘扬创业文化，树立将创业者视为新时代英雄的价值观等（Mckinsey & Company，2011）。

在斯坦福大学受赞助的研究可以很大程度上获得足够的经费来支持高水平的研发。斯坦福大学的文化是合作和创新，它设计了专门的制度以鼓励学生和教师直接与公司进行大学利益相吻合的合作行为。在2009—2010财政年度约20%的工程研究是靠产业资助、联合项目和赠予来完成的。

斯坦福大学有50多个联合计划和研究中心，是走向校企合作、建立深入的研究关系的第一步。联合培养计划是一个双向的文化变革工具，每个计划需要至少两个教员和两个企业参与，学生可以紧密接触公司高管和研究科学家；反过来，这些为商业体提供了有关最新趋势的高级别讨论会，并让企业能接触新兴研发和学生人才。斯坦福大学通过课程和计划鼓励并维持着创新创业精神，同时也吸引着有创新思维、创业精神的人，通过不断打造创新企业、非营利组织和人文艺术创作精品成了创新思维的实验中心。它为硅谷地区吸引和留住人才发挥了主要作用。

斯坦福大学很好地在外部环境利用与营造上下了功夫。早在20世纪30年代，工程学院院长特曼教授提出学术界与产业界合作并鼓励学生创业，由此诞生了斯坦福工业区，引起各国政府纷纷效仿，创造了产学研结合的范例，也成了创业教育的发源地。产学研合作的外部关系网使得学生指导工作不局限在师生关系，对学生创业的指导和建议可能来自教师、投资人、校友圈、同门等。调查显示，35%的技术创新者、40%的创始人和超过50%的快速成长创业人参加过斯坦福的各类创业项目。这三类人也更加会运用校友网络，建立公司的毕业生持续关注大学事务，提供了研究项目、工作机会、实习机会等，创业大赛也因为这些投资人而有了更大吸引力。

大学与本地企业的关系非常重要。斯坦福大学在硅谷的产生过程中发挥重大作用。哈佛大学和麻省理工学院在整体上与周围企业的关系不如斯坦福与硅谷企业密切。一系列的专业化服务行业，如金融、法律、销售、招聘等，在硅谷都很齐全。全球化的高度流动的高质量人才为创业企业提供了人力资本，如大量的亚裔人才，帮助美国与人才本土国之间实现了产品、创意、人才的双向交流。硅谷重视个人创造力和发挥团队的能力的激励机制，使创业文化成为可能。创业公司集中之地离不开大学，因为需要熟练的可以自由流动的劳动力和丰富饱和的知识。斯坦福大学对硅谷的主要贡献是其所培养的创新和互助精神：斯坦福大学创造的技术为现有公司获取使用；斯坦福大学的学生、教职工发现把实验室技术用于市场的商机而建立新公司；更重要的贡献是培养了大批工科和商科的学生，不断充实更新了智力库（拉奥，2014）。

3.2.6　特点和经验

斯坦福大学的创业教育使得创业精神作为一种生活方式扎根于每个人的心里，创业主动性已经内化为了学生大学生涯中的意识形态，已经作为一种不言自明的主体行为，这个时候已经不再需要强调专业教育与创业教育的界限。

斯坦福大学培养创业人才的过程充分强调重视学术学习经历，强调大学生参与教师的研究。前提是承认教师是最前沿的科学家，最成功的研究是由充满求知欲和好奇心的创业型教师完成的，大学认同其研究工作的现实意义。斯坦福大学认为，培养的创业者应具有世界的眼光，应成为领导者；随着创业含义变化，类型不断丰富，社会创业成了新近创业教育的热点；创业教育以做好研究为基础，技术先行，注重转化，绝大多数的创业项目来自技术创新成果；创业教育以自由教育为基础，通识教育、专业教育和创业教育能够内在统一。

通过跨学科、跨院系、跨校合作建立全方位立体式的创业教育支持网络。作为信息中心和统筹的"斯坦福创业网络"是全校创业教育的顶层系统设计，协调各创业促进举措。国际联盟与合作伙伴是斯坦福创业教育成果的输出和交流之地，也是创业教育国际化的重要途径，是"技术转移办公室"内部创业生态的基础营造者。各部分实体机构和具体项目发挥了不同的功用，构成了一个强大的整体。教师队伍作为架起这个网络的具体操作者体现出几个明显优势：校外师资力量很强；校内老师研究与创业功底皆备；建立了受到认可的教师参与创业活动专门的管理机制。

校内课程与现实世界的联系体现在与企业界的紧密联系和课程的开放互动上。斯坦福大学重视实践应用和基础科研之间的相互转换，提出以"产学研一体化"的模式进行创业教育（胡桃，2013）。开放互动存在于不同个体之间、多个学科之间、教学和研究之间，以及产学合作中主动带动企业的参与。教授和学生可以自由选择自己的研究问题。斯坦福大学不同系所和实验室的教师学生都处于一个更广的由工程师、投资家、企业家、律师等个人构成的关系网络中，在教职员、学生和当地产业界间有很强的相互作用。学生在此过程中获得了应用基本原理并进行深入思考的能力。

斯坦福大学充分利用外部条件为师生创业活动营造了文化氛围。首先，依靠现有的法律和政策，在投融资等配套上努力争取主导权，建立自己的天使基金；其次，大力争取获得相关学术协会及社会协会、各私营部门等实际性支持；再次，扩大创业教育影响力，主动建立全球性的支持网络和活动圈，利用和开发全球资源；最后，利用校内的知识和技术吸引毕业生就近建立校友圈，通过"吸引学生—输出毕业生—再吸引毕业生"建立有利于本校的人才流动循环，通过"学校帮助校友—校友回馈学校"建立校友与学校之间的良性双赢循环。

3.3　慕尼黑工业大学的创业教育

慕尼黑工业大学（TUM）是德国首批三所卓越大学之一，位列欧洲最好的国际排名大学。许多TUM教授成了技术史上重要的科学家、建筑师、工程师和企业家，拥有多位诺贝尔奖获得者。其教育学院和公共管理学院成立较晚，但使TUM成了综合研究型大学。大学现在共有14个系部，4万多学生（约22％来自国外），500多名教授，教职工超过9900人。德国商界创新机构"启动雷达"（Start-up Radar）曾将慕尼黑工业大学创业教育排名第一，并且该校多年保持领先。施穆德排名（Schmude-Ranking "from student to entrepreneur"）也证实TUM的创业氛围在德国没有其他大学可以媲美。仅2015年，超过70家初创企业产生，自1990年以来，共诞生800多家公司，总人数超过14000，世界著名的工程企业林德集团就诞生于慕尼黑工业大学。慕尼黑工业大学的创业教育要素从其理念、组织管理、师资作用、外部关系网络进行分析，总体上具有显著的围绕核心运行的特征，不论在理念还是组织管理上其核心点都非常突出且明确。

3.3.1　背景和理念

慕尼黑工业大学一直是德国高等教育的先驱，创业型大学战略和卓越计划是其创业教育开展的基本背景。创业型大学建设计划1995年开始启动，着重培养学生的适应力、学习力和实践力，即与外部互动的职业能力、团队合作能力以及发现问题和解决问题的能力。卓越计划是TUM进行大量改革的催化剂。2006年，德国科学与人文科学理事会（WR）和德国研究基金会（DFG）选择TUM作为"卓越大学"计划（University of Excellence）的一员，并选择了三个优势研究作为资助项目。此前2005年成立的TUM高级研究所（TUM-IAS）为此奠基，将现代科学前沿领域的15个特别研究工作相联系，整合国内外顶级研究力量，协同理工、医药等学科，引导学生参与研究工作。卓越计划的第一阶段产生的影响主要在于建立新领域，以及招聘和开发世界级人才两方面。在2012—2017年的第二阶段，TUM的战略是面向21世纪社会在能源、环境、自然资源、健康、通信等领域的主要挑战，寻求超越各种边界的创业方法，主要通过促进跨学科研究和研究导向的学习，开展更多的国际化办学，招募全球最强智力人才等来实现。

卓越计划启动以来的改革要点主要在于四个方面。一是确立大学发展总目标：引入有效的指导和决策纲要，以"创业型大学"的新哲学扩大办学自主权。二是推进重点学科研究能力：加强信息学领域的核心竞争力，建立以跨学科为重点的中央研究机构和研究平台，建立卡尔冯林德学院（Carl-von-Linde Academy）来容纳人文社会科学研究。三是多方面吸纳办学资源：引进众多有吸引力的学士/硕士学位课程，加强战略性国际合作，加强与工业和社会伙伴的合作，提升专业筹款活动。2002年，TUM在新加坡设立"德国科学技术研究所"，这是德国大学首次在国外设立附属机构。四是教学进一步加强：新建TUM教育委员会、教育学院教师培训的新方法。表3-1显示了改革后创业教育的显著变化。

表3-1　TUM创业教育近十年里程碑事件

时间（年）	事　件
2006	被命名为卓越大学，实施卓越计划，承认创业型大学战略
2007	大学子公司"TUM国际有限公司"成立；引入全员绩效奖励制度
2008	欧洲委员会"高等教育创业精神"研究中TUM创业教育成为良好范例
2009	世界经济论坛"培养下一波企业家浪潮"研究中TUM创业教育成为良好范例
2010	创业系建立（创业教授）；知识产权政策重点关注促进基于研究成果的商业实体（衍生和初创企业）的形成
2011	在"从学生到企业家"施穆德排名中被评为初创推动最佳大学；战略概念"TUM entrepreneurship"在EXIST大赛中得到联邦经济技术部嘉奖
2012	慕尼黑工业大学创业研究所基金会成为第二轮卓越计划中的赢家
2013	创业家有限公司基金达到2500万欧元
2014	被Gründungsradar评为德国最佳创业者大型大学；管理学院的研究被《商报》（*Handelsblatt*）评为全德商学院中的第一
2015	新创业中心与创业孵化器和高科技工作坊Makerspace开幕；EMBA创新创业方向培养方案获得AMBA认证；大学全球就业排名第11位，德国第一；"路透社世界百强最具创新大学"排名德国第一

创业型大学与传统的官僚大学模式形成鲜明对比，它是一个科学驱动的企业，旨在卓越研究、提高竞争力和国际地位，为社会增值。其战略核心已超越研究，致力于提出解决问题的方法，一切的改革措施（研究战略/创业战略/教学策略/国际化策略/人才战略）都围绕于此。基于"创业型大学"建设战略，慕尼黑工业大学于2006年推出了全面的系列方案，侧重于前沿研究，鼓励不断涌现的年轻科学家，建立开明的多元化政策，培养创业文化。TUM创业教育的核心目标是通过独特的综合教学方法，激发下一代企业家去识别时代挑战，为可持续发展开发解决方案和商业模式。而其

推动创业的战略，主要是创造激励创业者的诸多措施，鼓励基于科学发现而创业，尤其注重指导四个研究领域的新创企业：信息和通信技术，医疗技术，清洁技术和生命科学。

3.3.2　组织与管理

慕尼黑工业大学的管理和监督结构是纵向的，组织架构以鼓励各级赋权和主动性为目标。各学科（系部）在结构上是横向的，辅以跨学科的综合研究中心。大学管理委员会监督整个大学的运行，其成员负责大学的政策目标和发展方向，体现了慕尼黑工业大学的科学导向、国际化和创业型属性。另外设有扩展管理委员会（Extended Board of Management），致力于制定大学中长期战略，是协调个体目标的执行机构。其他机构如参议院、董事会、监事会、理事会等共同围绕着管理委员会对学校整体事务发挥影响。[①]TUM整个管理体系体现出维护学校独立的同时，加入了政府、社会各界人士的监督、咨询和支持。该管理体系同时体现在创业教育管理体制中。

慕尼黑工业大学明确提出支持创业的战略是启动基于发明和科学发现的公司。为此，2011年设立全校范围内的"TUM创业"项目（TUM entrepreneur-ship），专门用于推动技术成长型的创业公司，对初创企业特别重要。大学管理委员会控制整个项目，专门成立了"TUM创业家有限公司——创新创

---

① 大学参议院（Senate）是由校内人士构成的大学学术监督机构，监督学术的公平公正。董事会（Board of Trustees）由参议院议员（内部成员）和外部成员组成，外部成员担任主席职务，参议院议长是董事会副主席。另外有监事会外部成员（external members of Supervisory Board）来自科技文化、政商各界，管理委员会和巴伐利亚教育科学艺术部共同制定候选人名单，须得到参议院的批准。大学理事会（council）由来自工商界、文化界和政界的25位成员组成，发挥咨询作用。

业中心"（Center for Innovation and Business Creation Unternehmer TUM GmbH，以下简称创业家有限公司）管理该项目，这是一个自治的大学附属机构，标志着该大学推动创业的里程碑事件。创业家有限公司作为TUM创业机构的核心协调者，保证大学的战略、流程和活动的实施，其组织结构是扁平化的，没有很多层次，管理上比较自由松散。联邦经济与技术部（宝马公司支持下）投入270万欧元来促进该项目，通过慕尼黑工业大学"生存—创业文化—创业型大学"（EXIST）大赛竞争来获取该奖项。

　　"TUM创业"项目的组织结构自上而下分为三层（图3-3）：第一层包括管理委员会（共4人）和咨询委员会（共3人，分别来自创业和金融讲座教授，加州伯克利和创业家有限公司的普通合伙人）；第二层是EXIST IV项目管理（一名总负责人）；第三层是"TUM创业"项目的四个战略要素，即更高效的衍生流程（重点聚焦在信息和通信技术、医疗技术、清洁技术和生命科学）、创业文化（优化各项业务以支持初创企业）、创业研究（指研究成果转移，对成长型科技企业实际转让，对创业者最佳的实践方法）、创业网络（建立产业、高校和创业者之间强大的关系网络）。四个战略要素分别由来自不同部门的四个人负责协调。

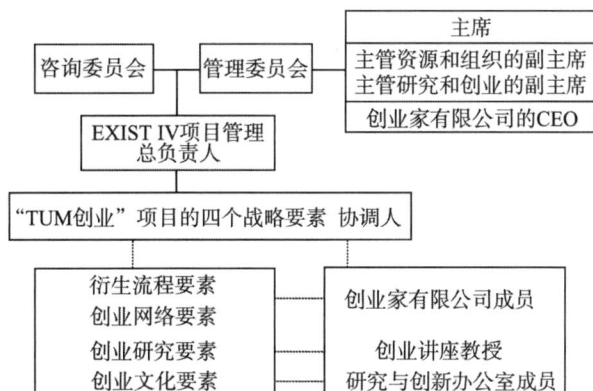

图3-3　"TUM创业"项目的三级管理结构

　　慕尼黑工业大学的创业教育通过创业家有限公司和管理学院开展，管理学院的参与系部可分为11个，每个部门都有一位教授负责，带领团队开展教学和研究。创业家有限公司通过实践导向的指导，激励学生、学者和专业人士用企业家精神来思考和行动，培养主动性、创造性和勇于担责的行为，还通过创新创业项目的启动进行创业技能训练。创业家有限公司制定了创新和创业流程系统化的方法，把来自科学界、产业界和企业现场的思想和技术结合在一起，打造可持续的产品和服务。其他重要的相关部门有社会创业学会、创业研究所、创业中心等机构。社会创业学会的功能是激发社会创业者创业的动机，进行社会创业资格认证，建立社会创业共同体，进行培训和督导等，最大特点是由慕尼黑工业大学、慕尼黑大学、慕尼黑联邦国防军大学（UniBW）和慕尼黑应用科学大学（HM）四校联合创建。

　　慕尼黑工业大学重视各部门和创业金融研究中心（CEFS）、创业研究所（ERI）所做的创业研究，以确保创业支持的质量。TUM创业研究所是欧洲创业研究顶级机构之一。在这里，具有不同背景和资历的大约20位科学家组成跨学科团队，从事战略型创业、创业行为、国际创业等研究。其创业研究目标是开发这个领域，提高对创业价值的个人和组织的理解。研究的一个视角是心理学，探讨创业认知和决策；另一个视角是商业的角度，剖析新创组织的行为及其影响因素。研究结果直接构成了该大学的创业教育和创业学习方法（StarTUM综合法），应用于全校创业者的培养过程。

　　慕尼黑工业大学创业中心（大学与创业家有限公司在Garching校区设立的服务机构，受到宝马公司资助）为技术型创业提供广泛的从最初的想法到成长阶段的一站式服务。创业中心发挥了长期服务（包括启动咨询、培训、高科技工作坊、办公空间和工作室集群、创业研究）和孵化器的功能，有一个20多人的专业团队负责具体运作，具有场地、创投和系统教练计划三大优势。首先，来自各行业的创始人（包括学生）可以在中心的加速器项目中或欧洲最大的公共高科技工作坊"Maker Space"中交流想法，构建原型。大学提供办公室和工作空间，因其毗邻创业研究的科学家，其研究成果有助于创业者。2016年第一届慕尼黑科技节（Techfest Munich）吸引了来自欧洲和美国的300位工程师、黑客和设计师。其次，创业家有限公司使用自己的风险投资创业基金帮助创业者。最后，创业家有限公司还为创业者提供教练计划（Manage & More 或 Kickstart），为创业者进入市场做好准备。TUM创业者获得办公室和工作场所以及咨询服务，所有这些都可免费得到。大量的教授也是积极的导师和创业启动大使，创业型专家之间有一个紧密的支持网络，创业启动大使在每个院系部门都很活跃。

3.3.3 激发教师的作用

慕尼黑工业大学充分重视招募、激励优秀的教师和科研人员。最新措施是德国独一无二的TUM教师任期轨道系统（Faculty Tenure Track System），为年轻学术研究人员提供了明确的端到端的职业路径，在2020年前欲聘任100名终身教授。这项计划将使TUM在招揽世界顶尖人才时更具竞争力。TUM教师任期轨道模式为：高级合格人选被任命为助理教授（W2），根据绩效考核，随着其研究成果达到国际最高水平，可以评为常任教授（W3）。该模式与传统的教职制区别主要在于打破青年教师晋升的壁垒，着力推行慕尼黑工业大学终身教职制，形成以绩效为导向的连续的生涯系统，实现德国大学聘任制度的范式转变（何郁冰、周子琰，2016）。端到端人才开发服务延伸到整个学术职业生涯，服务团队以多种方式支持研究人员，包括第三方资金的申请、知识产权的使用和职业规划，帮助新来的学者家属在慕尼黑及其周边地区谋求新生活。

　　TUM认为研究的国际竞争力取决于建立一个多元化的国际学术圈的能力，在这个圈里鼓励各年龄段的女性和人才脱颖而出。2006年机构战略资金中有10%用于提高性别和多样性意识。"多元化人才"是其制度战略的核心，目的是吸引国际精英科学家，加强技术研究和教学中心的地位，专注于社会面临的主要挑战。TUM的综合研究中心和教职员工权益事业系统是实现这些目标的关键手段。综合研究中心相当于高级研究所的拓展版，旨在根据不同的关注点开拓跨学科研究，扩大研究驱动力。

　　激励和帮助教师的研究工作是激发教师创业的关键，其特色在于整合教师的创业研究与应用研究以促使将成果转化为创业公司。慕尼黑工业大学资助教师以知识为导向的基础研究以及针对具体问题的应用研究。这两个研究方向相互补充，在许多领域，TUM进行的基础研究引向下一步的应用研究，形成研究链，并经常与企业行业合作，将知识和技术转化为社会应用。每年TUM与科学界和商业界的合作伙伴达成1000多项研究合同。卓越计划第二阶段建立了慕尼黑社会技术中心（Munich Center for Technology in Society），加强工程学院，并助推高级研究所成为国际顶级研究所。专门的创业研究活动集中于创业研究所。2011年由"EXIST"创业大赛（Bygrave，2010）认可的"TUM创业"项目新增战略管理、创业行为和新企业国际化三个教席，为建立创业家有限公司以及创业研究铺平了道路，并进一步确立创业研究的学科地位。创业研究所与创业家有限公司关系紧密，前者通过学者的研究（尤其是"TUM创业"项目的研究议程）将研究成果转化到创业家有限公司的实际应用中，主要是创业教育和创业支持活动；后者通过监控系统对创业研究所的研究做出反馈建议。TUM建立的这一"侦察预测"系统利于确定科学家的研发成果的市场前景，最大限度地提高创业公司的数量。

　　TUM通过具体机构来开展有组织的服务活动以支持科学家成果转化和

创业，并激发教师自身的帮扶作用。研究和创新办公室（TUM ForTe）主要发挥了三个功能：研究资助的分配、技术转移、研究项目管理。ForTe办公室是商业和研究部门合作的第一联络点和中央协调机构，建有产研合作服务的团队，还组织针对具体研究的研讨会，提供关于研究资金、职业发展措施、申请专利、技术转让和启动公司等方面的专业和全面的建议。其拥有的国家资助研究专家能提供德国研究基金会、德国政府、巴伐利亚州等大量基金资助信息。TUM 的欧盟办事处提供有关欧盟研究计划以及其他跨国融资机会的信息。欧盟和商业部门的资金、联邦和州级资金对许多科学领域至关重要。在此过程中，发明人和研究人员的利益受到知识产权和专利保护。TUM 的专利和许可办公室向科学家提供有关利用其发明的问题咨询。TUM 人才工厂（Talent Factory）是年轻研究人员的联络点，并支持要在 TUM 建立学术事业的国内外的研究助理、博士后学生和初级研究小组领导者。获得慕尼黑工业大学"卓越荣休奖"（Emeriti of Excellence）的退休教授的建议尤为重要，因为他们具有独立性、经验和声誉，他们以多种不同的方式自愿参与 TUM 的生活和发展。

3.3.4　课程教学体系

3.3.4.1　创业教育的综合方法（StarTUM）

慕尼黑工业大学提供广泛的理论性的和应用导向的创业培训学习计划。创业教育的任务是向学生和科学家提供学习创业的基础，并考虑将创业作为职业生涯的机会，帮助那些有志于创业的人像创业者一样开始思考和行动；鼓励他们寻找商机，并制定和实施其经营理念；为创业者提供理论和方法指导，一步步接触和整合到研究项目中。管理学院和创业家有限公司提供了大量的跨部门学位课程以及 EMBA 项目课程。培养方案面向具有各种学科背景和经验的参与者，从本科生、硕士生到博士生和博士后候选人，到科学家和专业人士。创业教育教学指导贯穿于参与者创业的所有不同阶段，确保教学内容和方法以实际为导向，并针对每个项目的需求，被称为独特的StarTUM创业教育的综合方法（表3-2）。

表3-2　创业教育的综合方法——StarTUM

阶　段	问　题	代表课程
Sense 感受	看看自己在传统的就业路径之外还有什么选择	创业准则 组织心理学
Touch 接触	与创业者接触，看自己能否靠自己谋生	创业准则　商业计划（基础） 春季学校　暑期学校　Manage & More
Assess 评估	评估自己是否想成为创业者，对创业者有何看法	创业准则　组织心理学　创业营销实验室 技术创业实验室　商业计划（基础） 春季学校　Manage & More　EMBA创新与创业
Recognize 鉴别	对成为创业者的认知，包括创业机会和所有重要信息	创业准则　创业营销实验室　技术创业实验室　商业计划（基础、高级）　春季学校 Manage & More　技术融资与商业化　创新与营销的可持续性 沟通与领导　领导力的激励　EMBA创新与创业
Take-off 创办	开始实际行动	Manage & More　EMBA创新与创业　创业金融 创业债务融资　创业与法律　技术融资与商业化　创新与营销的可持续性　沟通与领导 领导力的激励　战略与组织（导论班、高级班） 战略与组织（应用）　营销、战略与领导力 商业计划（高级）
Understand More 深潜	怎样才能更多地了解创业理论并通过前沿研究进一步推进？	组织心理学　创业金融　创业债务融资 技术融资与商业化　创新与营销的可持续性 沟通与领导　领导力的激励　战略与组织（导论班、高级班、研究班）　营销、战略与领导力　创业精神（PHD班）创业管理

该综合法从人的创业思考行动产生过程出发，围绕这些过程进行课程设计，也较为符合学生学习阶段特点。从不同时期的学生角度看，大学伊始就有创业和专业基础入门课程，由资深教授和企业界人士向学生讲解职业前景和专业前沿，进入研究生学业阶段，创业教育就会针对专业更加细化和具有可操作性。

3.3.4.2　教学形式与方法

TUM 创业教育教学的主要形式是讲座课、研讨会课程和项目学习，有的课程包含多种形式。大部分课程是英文讲授，有的实践性较强的课程采用小班化和德语授课，注重跨学科教学理念，注重吸收跨学科学生和国际生，有时还欢迎教师来共同参与研讨会。如管理学院创业研究中心提供课堂教学、项目学习，也鼓励学生在项目学习过程中找到实习和工作。讲座和研讨会针对本科、硕士、博士开设成系列课程，与上述的 StarTUM 综合方法一致。以 2017 年夏季学期创业系为例，其课程体系如下（表3–3）。

表3–3　创业研究中心的课堂教学（讲座和研讨会）模块

讲座和研讨会模块	具体课程（提供课程的部门还包括创业家有限公司）
讲座课（BSc，MSE）	创意开发（与创业家有限公司合作，德语授课） 实证研究方法（英语授课）
本科生（BSc）	创业管理　学术研究与写作
硕士生	创新创业高级研讨会4个主题：构思与企业成长、创业角色模型、家族企业介绍、初创策略的组合和顺序 创新创业高级专题：社会创业中的构思与企业创办、企业家创业、社会创业实验室、机会认知与技术、学术研究与写作
博士生	管理学院的博士课程
创业家有限公司的其他课程	TIE2 International Lab /Spring School /Innovative Unternehmer / Business plan

项目学习是创业教育教学中的一个重要模块，目标是通过研究导向或实践导向的具体课题来获得项目管理经验。开设时间灵活，一般3—6个月，12个学分，相当于360个工作小时（MCA学生也可以申请6个学分）。一个项目团队2—5名学生。根据项目的性质，学生的教练由合作伙伴或研究助理担任。学生选择的合作伙伴其实就是某个公司主管者。项目学习有几个步骤：（1）从规划项目的时间框架起始，并与研究和实践伙伴安排启动会议，根据要求安排额外的会议。（2）确定项目工作地点，这是与研究和实践伙伴商议协调的，一般应在合作伙伴所在现场进行。（3）学生团队成员之间的协作应自主完成。（4）项目终止后，学生将把结果呈现给研究和实践伙伴，提交书面项目报告。学生项目学习的评分依据是最终陈述和项目报告。最终项目报告的长度和性质取决于一开始确定的主题。根据研究或实践导向，书面项目报告的要求在广度和内容上有所不同。

大部分课程包含了课堂学习和项目学习形式。如高级管理（Manage & More）课是18个月的创业培训计划，每学期从所有14个院系中选拔20名高动机的本科生和研究生参加，该计划的重点在于帮助学员开发实用的创业技能。学生进行真正的项目工作，并在跨学科团队中开发具体问题的创新解决方案。课程中学生受到创业家有限公司的个人导师的监督，另外有一位定期交谈给予支持的教练，提供其实践建议并鼓励学生的长处。学生从一对一的师徒配对项目中获得真正的项目经验，塑造创业型人格和领导力，建立和扩展关系网络。

教学中体现跨部门和产品导向特点的有春季学校课程（两周研讨会），它是精英学位课程和研究生培养的一部分，由创业家有限公司开设，为入选的硕士和博士学生提供动手操作（hands-on）的模块课，倾向于招收高级材料科学、工业设计和化学方向的工商管理学生。这些模块由三个系与行业合作伙伴一起开展，他们提供了最新的材料并正在寻求利用的新途径。该研讨会的重点是要利用这些新材料带出新商机的想法。

体现跨学校和跨学科特点的暑期学校课程由慕尼黑工业大学和慕尼黑应用科学大学、慕尼黑大学、联邦国防军大学四校合办，通过密集的两周研讨会，为全球社会和生态问题开发创新解决方案。听众是35名选定的学生（含博士生），也向来自世界各地的高年级学生开放，让他们在跨学科团队中学会"如何做"的知识，并开发和呈现社会相关的商业经营理念。该课程还体现了创业教育的社会关怀和人文关怀。

3.3.4.3 创业精英专门课程

数字化技术与管理中心"技术管理"课程（The Center for Digital Technology and Management，CDTM）是慕尼黑工业大学的创业教育特别项目，可谓培养创业精英的专门举措，体现实用性和国际化特点，是慕尼黑工业大学和慕尼黑大学跨校合作经营的附加学习计划。技术管理课程与学生的正规学习并行，不是独立的硕士教育。其培养过程实质是让学生在跨学科团队中设计新技术，开发实际的产品，然后准备成立一个初创公司。CDTM关注三个主题：创新、产品开发、创业精神。其研究重点是与经济高度相关的新技术，预期在五至十年内入市并为此做好准备。

这是巴伐利亚精英网络的一部分，所有学生都经过严格的选拔过程，包括在线书面申请和面试，以保证入学学生的高质量水平。入选的学生具有创造性、积极性和创业心态，大部分为工商管理、计算机科学或电气工程专业，但申请人可以是任何学习背景。

CDTM研究生课程和研究项目有一支管理团队负责管理和运行。董事会是团队负责人，由两所大学的知名教授组成，具有国内外知名机构中任客座教授、研究人员的学术经历或创业者的商业经验。该团队成员还包括董事会任命的若干名科学主任（每年轮换）和CDTM核心小组。他们一起制定战略，设计学术研究计划和课程，寻找研究课题，并负责组织如融资、营销、招聘和扩大合作伙伴网络等重要任务。

表3-4　CDTM技术管理创业精英培养模式

教育要素		课程与要求
教育内容	五个跨学科领域：技术、产品开发和工程；信息系统管理；经济管理和创业；软技能；道德和人文学科	核心课程： 趋势研究和商业思想观念（七周，最终出版《趋势报告》一书）；
组织管理	TUM和慕尼黑大学教授组成董事会	
教育方法	整个计划贯穿高度实用的项目教学和跨学科团队工作，受到教师和合作伙伴的高强度训练	MPD（一学期，亮点是设计博览会，学生团队将展示其成果）；
教育目标	面向高科技公司的管理，为学生在职业生涯中担任领导角色做准备	战略咨询工作（相当于CEO实习）
师　资	国内外的科学和工业界知名讲师、CDTM校友	选修课程（含职业规划） 海外课程（含全球实习）
招　生	春秋季两次，每学期约有25名，不限学科 主要考查成绩和语言技能、简历（以前的工作经验，教育背景和国际经验）、学习、个人和社会技能等	2—4个学期内完成45个ECTS（欧洲通用）学分；一个海外学期，英语授课 学生一旦获得硕士学位，将获得技术管理荣誉学位

　　CDTM的学术生涯具有高度的实践导向和国际化特征。教师来自国内外的大学或产业界，许多CDTM校友保持与中心的紧密联系，并担任简易课程环节或选修课程讲师。课程由来自高科技公司或咨询公司的业务伙伴提供支持。整个学习包括三个核心课程和各种选修课程，亚洲、欧洲、北美等国际知名合作大学的海外留学课程或海外实习是其重要组成部分。第一个核心课程是学生分析具有高度战略意义的特定主题的趋势。基于这些趋势，学生将设想未来的场景，并提出创新的产品和服务。第二个核心课程是管理产品开发课程（MPD），包括新产品和服务的概念化、开发和原

型设计。每5名学生组成跨学科团队工作。第三个核心课程是战略咨询工作。3—4名学生的团队担任某公司顾问一职，并协助公司进行战略性业务决策。他们与高科技公司和初创公司的CEO一起工作，同时由有经验的专业顾问进行培训。这个课程需要有具体企业的支持。选修课旨在补充核心课程，建立在高度创新的基础上，重点是实用的相关性和即将到来的趋势，为学生提供深化领域知识的机会。CDTM提供的各种课程不断适应变化的技术和要求。

CDTM与国际领先的11所大学（美国6所，日本1所，法国、澳大利亚各2所）开展一系列交流计划。如果学生受限于出国费用，CDTM可以帮助学生找到合适的奖学金，并在需要时提供备用资金。CDTM支持其学生在各行业的国际知名公司找到实习机会。广泛的合作伙伴网络、客座讲师和校友有助于评估每个学生最适合的实习机会。通过CDTM信息渠道定期发布合作伙伴提供的实习机会，全球实习计划为每位学生在CDTM期间提供足够的机会，学生将可以访问数据库，通过位置、行业和功能分类进行搜索。

CDTM没有将就业和创业分开来看，虽然技术管理课程是鼓励学生创业的，但是管理团队认为有责任为学生提供就业服务。大多数CDTM学生在完成学业后立即开始工作，因此职业生涯管理至关重要。该团队帮助学生通过各种渠道找到暑期实习和长期工作。CDTM为所有学生提供一对一的职业辅导。导师（包括校友、项目主持人和高管）就工作申请、职业发展战略、简历评论等重要方面向学生提供建议。通过专家领导的面谈，学生有机会训练面试技巧，并获得专家的反馈。课程的重要部分是职业规划研讨会，包括写简历和求职信、招聘过程的有用提示、面试准备、市场研究、自身评估等。

3.3.5　内外部的创业网络

作为创业型大学，慕尼黑工业大学以市场化的方式促进创新创业的有
利环境的构建，从内到外形成了不断扩大而又交融的创业网络，该网络包
括创业者关系网络和更大范围的外部环境。

3.3.5.1　围绕创业者的关系网络

校内支持创业的活动丰富，TUM鼓励的不仅是在校学生和教师，还对
校友的创业成就进行奖励。由大学、创业家有限公司和ZEIDLER研究基金
会举办的创意奖（idea award）比赛可以为创业项目启动赢得15000欧元的
奖金以及个人指导。这项一年一度的比赛旨在鼓励研究人员的创新性和建
立有竞争力的初创企业，面向TUM的学者和研究生开放。参赛者可以提交
任何具有商业潜力的发明和技术，可以是当前的学位论文、硕士/学士论文
或其他项目的工作成果形式。另外，慕尼黑创业计划大赛（evobis）的主
要作用是支持创业者找到投资人，与风险投资公司、公众投资者和商业天
使合作构成网络，还组织各种区域比赛。TUM每年举行创业日活动，感兴
趣的各方可以在创业博览会上获得有关初创融资的信息，期间颁发校长创
业奖（Presidential Entrepreneurship Award），该奖项有10000欧元的奖金，
授予成绩卓然的基于研究成果的衍生企业。如2016年创业日有27家初创
企业和利益相关者参加，校长创业奖授予了Orcan能源公司，该公司利用
废热产生电力及提供产品，其核心技术为本校能源系统研究所开发。

TUM注重从高中生就开始引领青年人进入技术世界。科学家、学生和
教职员构成的共同体使得慕尼黑工业大学成为一个创新和动态的机构。
TUM的目标是建立一个综合的大学社区（TUM Family），包容所有的从学
生到校友的文化和跨代多样性，注重各群体的机会平等。此外，大学设立

了指导计划，让学生可以从老一辈的经验和知识中获益。TUM创业者受益于慕尼黑地区的广泛工业、政治和科学的合作伙伴网络。他们可以在测试商业计划书后，从领先者那里获得提示，与同行分享他们的经验，并取得进一步的信贷资质，习得领导技能。其合作伙伴拥有强大的创业精神，是合作网络的推动力和巩固力。TUM致力于筹资、与外界合作研究，大学基金会目前拥有超过2000万欧元的资金。

　　创业者关系网络与创业网络有所不同，指的是围绕创业者每个身份主体之间的关系，可以用图3-4来表示TUM的特色。每个角色都与其他至少四个角色构成紧密关系，创业者同时也可能是其他角色转化而来的，围绕着创业者的成长，其他角色发挥了助推作用。TUM和创业家有限公司创业网络中，教师成为创业大使（entrepreneurship ambassador）加强了内部创业网络，其作用是成为创业的增进者和榜样；科学顾问在创业启动评估阶段提供技术与研究的建议，并建立与其他产业界和研究专家的联系。大学尤其重视拓展并利用慕尼黑经济中心的外部联系。许多企业家、投资者、校友由此成了TUM的创业导师（mentor），他们可以自愿向一个初创项目提供长达18个月的指导，提供有针对性的反馈。作为初创企业，可以从导师的专业知识中获益，以及获得许多有价值的业务联系。TUM校友网络目前在全球各地拥有4万名会员。近年来，慕尼黑工业大学还向一些美国大学学习，强化了"校友联盟"（韩墨，2012）。校友通过各种途径加强TUM的研究、教学和创业心态，他们带来自身知识和生活经验，捐助大学基金会。

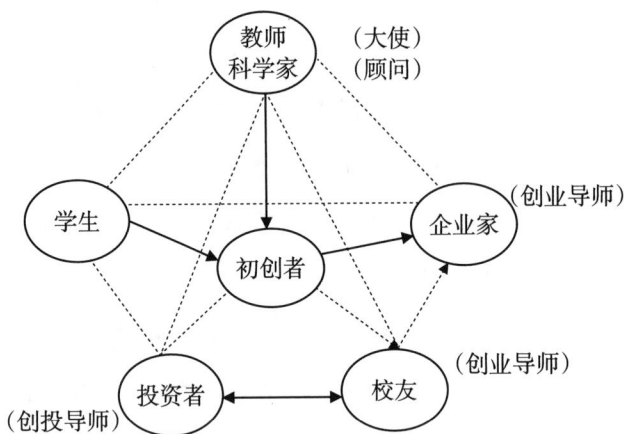

图3-4　创业者关系网络

3.3.5.2　围绕TUM的支持创业的内外部环境

从TUM创业教育的经验可以看出，创业是一项实践性很强的活动，必须与校外社会力量进行合作，建立创业实践平台。慕尼黑工业大学创业教育的内外部环境总体上用图3-5来表示。随着"TUM创业"项目作为一项综合行动计划，慕尼黑工业大学和创业家有限公司致力于激发他们的成员（从学生到校友）的创业精神。其创业教育和创业活动相互促进，创业教育的四个支柱就是"TUM创业"项目的四个战略要素。这些支柱也是TUM衍生企业成立后走向成功的坚实基础。

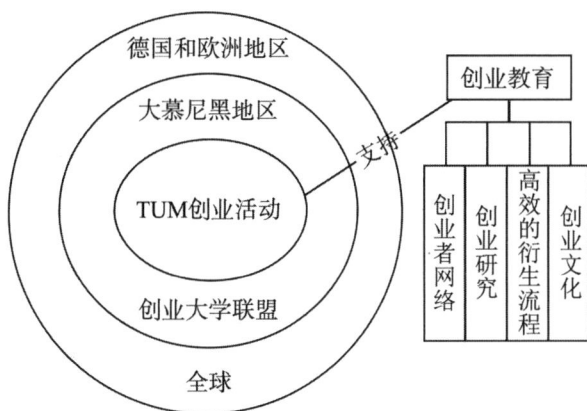

图3-5 TUM支持创业的内外部环境

在慕尼黑地区，TUM与行业紧密互动，鼓励技术成长型衍生企业，并与政府合作，确保作为创业型大学的更广泛的行动范围。慕尼黑地区计划（Gründer Regio Minitiative）的成立旨在通过支持大学附属初创企业，强化慕尼黑更大范围的科学和商业共同体，使慕尼黑地区成为创新服务和技术驱动的新兴企业成长的欧洲中心。该计划特别强调激励更多的女性创业，产生了大量的项目，为有兴趣创业的人提供咨询、培训和指导。慕尼黑地区作为创业枢纽（HUB），众多成功的衍生企业以此为总部。GATE技术与创业中心（gate technology and start-up center）是慕尼黑地区新兴技术公司的首选之地，邻近慕尼黑工业大学，新兴创业者们在这里能很快找到同道，如机电、软件、IT领域的其他创业者。慕尼黑大都会地区已经变成了一个高科技中心。德国政府并没有刻意规划一个"硅谷"，但其作用也相当大，如国防工业的带动作用，将巴伐利亚州原本是广大农村的社区转型成为高科技地区，并产生了宝马这样世界知名的公司。其中，佛劳恩霍夫研究所（Fraunhofer）和马克斯·普朗克研究所（Max Planck）提供世界级的公共教育。慕尼黑工业大学与德国知名公司常年合作开展教育教学，创业教育更是在其中处处体现，大学聘请企业中高层人员开设课程，或担任客座教授。大批TUM学生到相关企业实习，参与一线生产，绝大多数理工科硕士、博士生都在企业实习期间确立选题并最终完成论文。

创业型大学智库（Denkfabrik Entrepreneurial Universities）是一个大学内部之间的倡议，由德国所有的EXIST创业型大学组成。在2011年第一轮EXIST竞赛中有10所大学提出的支持创业的理念获得了德国联邦经济与能源部评审团的认可，2013年另外12所大学也获得了认可。早在1998年，德国大学校长会议和全德雇主协会联合倡议在全国范围内创造一个有利于大学毕业生独立创业的环境，随后有12所大学设立了创业学首席教授职位。在西方首席教授职位的设立，意味着一个相对完备的教学研究单位的成立（蒲清平等，2010）。

德国各级政府和部门均设有专门机构为大学生创业和小微企业提供项目咨询、创业培训、新技术项目建设、企业注册等服务。1983年开始建立第一个创业者中心，已经形成了由创业者中心、风险企业、大学研究所等组成的创业服务网络；2008年德国欧洲服务管理中心成立，通过网络化设施和集约服务，为企业初创减少大量费用和注册时间（王占仁，2010）。在德国政府提出的"工业4.0"高科技战略计划的大背景下，慕尼黑工业大学积极改革。国际化使其拥有更大的支持创业教育的全球环境。通过"本土化"进一步推动国际化，在国外建立TUM分支机构，以加强研究和招聘，大学与世界各地的公司和科学机构建立了牢固的联系。

3.3.6 特点与经验

慕尼黑工业大学创业教育围绕一个全校性的重要战略核心（TUM创业项目），以创业型大学和卓越计划为其基础，目标清晰，提出创业教育是要激发下一代企业家去识别和创造性解决时代挑战，其支持创业的活动就是启动初创企业。组织架构上与很多国外大学不同，TUM创业教育建有一个核心主管部门（创业家有限公司），集教育、培训、服务、创投功能于一体，当然也有重要部门（管理学院），以及创业精英培养部门——数字化技术与管理中心。

TUM明确提出了一个指导全校创业教育教学的综合方法。特别强调以下几点：指导一切形式的创业活动；跨学科的课程涵盖整个学校的范围；德语和英语课程并用，德语课中实践教学、项目学习运用较多；基于科学研究的动手操作方法；以人为核心，创业教育与创业活动并行不悖。

TUM的创业研究坚定地支持了创业教育。为有效实施创业者衍生企业流程，创业研究开发出支持初创的方法和工具，包括商业开发、商业流程管理、团队建设、成长管理和质量管理。反馈和监控系统评估了它的措施、方法和工具的实用性和成功情况。创业研究和研究成果转化为创业行动是慕尼黑工业大学创业教育过程中的要素，促成了其基于研究的创业。

3.4　案例比较分析

3.4.1　共同的要素分析

从两个案例来看，大学的创业教育有两大基础：一是高水平研发和创业研究，二是系统化的创业课程和实践体系。进一步的创业教育要素层次是高效的技术转化与衍生流程，最高层次是创业文化和价值观的塑造，通常也可称为企业家精神，它可以作为创业教育的结果，但反过来又能够成为创业教育的支柱。这几个层次之间并非时间上的线性关系，而是相互之间发生影响，其相互影响的工作方式则构成了创业教育的运行机制。用表3-5来显示大学创业教育运行机制中的要素（可能的关键要素）及其关系与表现。

表3-5　国外案例的创业教育要素梳理

要素层次与关系	要素	表现	作用
基础层1	高水平研发和创业研究	多元化、国际化的教师团队 跨/多学科的研究 学生参与研究 有创业研究的支持 产学研合作的深度	激发看待问题的不同视角 创业研究成果应用于教学和创业活动
基础层2	系统化的创业课程和实践体系	解决社会挑战问题的创业教育理念 全校性创业教育与精英选拔 实践体验与行动导向的教学 面向国际视野的课程	教育目标具体化 创业演练 激发看待问题的不同视角
第二层（核心）	高效的技术转化与衍生流程	应用导向的科技成果管理 投融资的引入 对创业活动的全面服务	真实的创业
第三层	创业文化与价值观塑造	全校性的战略核心或组织架构 丰富的学生创业社团及活动 强大的校友圈 自由宽容的氛围	顶层设计 形成创业生态

在两所大学，创业教育课程都不仅仅是开设几门课程，已经变为了具有多样化形式的培养计划或项目方案。而创业教育任务的完成，一方面要有一个全校性的核心战略，另一方面要发挥各个机构的作用，构建一个创

业网络。大学开展全校性创业教育已经成为共识，但还不一定能像斯坦福大学和慕尼黑工业大学这样系统地注重创业精英选拔和培养。德国和硅谷都建立了比其他地方更强势的精英体制，杰出的大学、大量的移民和风险资本（知识、劳动力和资金）都是后来通过各自不同的途径形成的。

3.4.2 存在的差异分析

从创业教育的内部组织上看，斯坦福大学自生自发明显，而慕尼黑工业大学则明显有自上而下的系统构建。从创业教育的方法体系上比较，慕尼黑工业大学更注重创业研究以及由此形成一套自我的创业教育综合方法，包括目标、任务、步骤和教席的配对。TUM对顶尖海外人才的招募力度更大，多元化的人才理念反映出目前德国及欧洲追求的开放性，以及强调平等、包容的社会人文关怀。

与美国的创业教育相比，德国的创业教育也比较发达，德国国家创业生态系统中有着创业教育的独特地位（Maritz等，2016；Klandt，2006），但是两者在与创业相关的思维模式、人文环境、政策导向上有所不同。从人的思维和传统文化上看，美国人开拓精神、冒险精神发达（游振声，2011），欧洲人有不愿冒险的思维模式，德国的教育系统整体氛围并不太鼓励创业（Fuchs，2008）。美国西海岸地区存在一种独特的反现存体制的情绪，以及要改变世界的坚定信念。欧美大学教师的管理体制和行为方式都有不同，欧洲大学是相对静止和封建的官僚体制，一名教授就像一个男爵；与此相反，美国尤其是湾区的高校鼓励其教员创办自己的公司。全欧洲的工业都必须面对强烈的反技术、反资本主义的倾向，这种情绪是由数十年来环保分子、嬉皮士、思想家等人的联盟造成的（阿伦·拉奥，2014），这些也可能带来对创业的双面影响。

德国的产学关系一直不同于美国。德国企业资助学术机构，十分注重针对自己的具体需要。德国劳动力成本很高，大学和企业都在注重制造过程的创新，而不是针对制造出来的产品进行创新。德国体制侧重于对现有技术的完善，而不是创造新技术①。而美国大学接受资助一般是为了做研究工作。这就意味着，在从大学到企业的技术转移上，德国比美国快得多，但是同时学生被培养成了现代企业的员工，然后当管理人员，而不是创办新的公司。德国最成功的方面也成了阻碍创业的一个原因。从数字上看，德国的高收入和低失业率表明德国的职业教育体系比其他国家更成功，其青年就业机会和生涯发展都比较好，15—29岁的年轻人中，只有8.6%游离于求学、培训和就业之外（刘青文，2016），这是一种特殊的带给创业教育的挑战。

科技和教育的公共政策导向不同对创业教育影响不同。德国高等教育分布水平较为均衡，世界一流研究机构遍布全境。然而，也就是说大多数科学家、工程师和企业家不需要迁移到另一个城市去，因为他们可以在居住地找到一流的技术中心。硅谷主要是由来自美国其他州和国外的移民建立的，这是汇集人才来进行高科技工作的地方，美国其他大多数地方不具备有利于高科技产业发展的条件。德国把这种条件提供给国内几十个地区，因此没有一个能够成为硅谷。德国政府的风险投资于初创企业，阻止了人才外流，但是也没能吸引大量海外人才。美国的州政策是为了适应商业机遇，欧洲就明显缺乏这样的联系。如研究基金流向不同，欧洲是流向与工业有一定距离的专门研究机构和政府实验室；而美国政府的资助流向大学，大学70%以上的项目接受了政府的支持，同时又帮助教育了许多学

① 例如亚琛工业大学花费数十亿欧元创建的科技园，只专门从事制造技术的开发，而斯坦福科技园从未限于开发一种特定的应用技术。

生，MIT、斯坦福、伯克利加州大学等计算机领域半数以上的研究生都得到了联邦基金的支持。德国等其他国家所依靠的制度不能很好地完成任务，缺少有利的外部环境使拥有新技术或新方法的人们能迅速组成团队、筹集风险资本并进入新市场（阿伦·拉奥，2014）。

斯坦福大学、慕尼黑工业大学在创业教育实践的做法和影响力上表明其是值得研究的案例。斯坦福大学的创业教育最大的组织特点是通过其理念与目标、师资与课程、支持网络等要素构成了网状布局，使校园的每个角落都充满创业的气息。慕尼黑工业大学的创业教育要素从其理念、组织管理、师资作用、外部关系网络进行分析，总体上具有显著的围绕核心运行的特征，不论在理念还是组织管理上其核心点都非常突出且明确。

斯坦福大学和慕尼黑工业大学两校创业教育的共同要素分析结果是：首先，大学的创业教育有两大基础要素，一是高水平研发和创业研究，二是系统化的创业课程和实践体系；其次，第二层次的创业教育要素是高效的技术转化与衍生流程；最后，最高层次是创业文化和价值观的塑造。

两所大学的差异点的比较分析，可为运行机制和策略提供借鉴。从创业教育的内部组织上看，斯坦福大学自生自发明显，而慕尼黑工业大学则明显有自上而下的系统构建。创业教育的方法体系上，慕尼黑工业大学更注重创业研究以及由此形成一套自我的创业教育综合方法。在与创业相关的大学外部环境上，两所学校有所不同，主要体现在人的思维和传统文化、产学关系、科技和教育的公共政策导向等，对创业教育产生不同影响。

4

我国大学创业教育的案例

4.1 国内大学创业教育情况

4.1.1 起源与发展

我国最先是通过联合国教科文组织引入创业教育的。中国与亚太地区多国都参与了其在1987—1991年间的"提高青少年创业能力的教育联合革新项目"。1995年《关于高等教育的变革与发展的政策性文件》提出，现代经济要求毕业生不仅能善于找到职业，还能创造职业。随后，1997年在中国召开了一次会议，我国高校创业教育开始发端。1998年《世界高等教育会议宣言》所提的"毕业生将越来越不再仅仅是求职者，而应成为工作岗位的创造者"，迅速传遍我国高教界。

1998年底到1999年初，《面向21世纪教育振兴行动计划》为我国大学的未来提出了基本的发展框架，以此为标志，高教界对创业理念正式做出回应：加快进行"211工程"建设，创建若干所具有世界先进水平的一流大学和一批一流学科；实施"高校高新技术产业化工程"，"加强对教师和学生的创业教育，鼓励他们自主创办高新技术产业"。从1999年以来，重要的政策文件显示出我国大学创业教育的变迁（见表4-1和表4-2），其目标在一步步转变：注重就业，涉及创业—以创业带动就业—创业与创新目标相结合。这反映了我国政府部门、教育界对知识、教学、创新观念的转变，创业教育最终成为国家高等教育改革中的重要发展方向。

1997—2003年是我国大学引领高校开展创业教育的探索阶段。比如，清华大学、浙江大学探索的创业教育以学生创业计划竞赛为载体，拓展学生课外学术科技创新活动；复旦大学注重创业基础知识和基本技能的教学，支持学生参加社会实践和科技创新活动；华东师范大学尝试开设"创业教育课"；武汉大学实施"三创"教育（创造、创新、创业教育），来提高培养创业人才的效果。

第二阶段可以归纳为以就业为目标的创业教育阶段（2003—2009年）。教育部、共青团等关注青年和人才成长的部门首先开始重视创业教育。2003年4月教育部确定9所创业教育试点院校，提出了三种模式，当时主要出于经验主义，并未得到验证和效果评价。2003年"全国创业教育理论与实践研讨会"提出以"合作、共享、发展"的精神来推动创业教育，以培养新型企业家、推动经济增长、缓解就业压力等。2004年共青团中央国际联络部的报告中提到国际劳工部在关注非洲国家的青年创业问题，主要是为了消除贫困，开发了一套KAB教材以普及商业知识，当时创业主要是从事商业，2005年12月国际联络部组织翻译完该套教材（《大学生KAB创业基础》）并于2006年在全国6所高校中试点，现在已有清华大学、浙江大学、黑龙江大学等千余所高校运用。共青团和教育部的创业教育推进形式不同，以活动项目为主，现有1600多所学校开展了KAB教学。教育部则是要正规地开展创业教育试点。这段时间内创业教育比较沉寂，整个国家和教育界都很重视技术学习和就业工作，侧重职业教育与培训、实践教学问题等。2003年正是1999年高校大扩招后的第四年，大学毕业生就业问题开始凸显并随着高等教育大众化的进程一直延续到现在。这个阶段对创业教育的认识，不论是国家还是教育界都没有超出解决就业的范畴，而高等教育大众化对大学的办学影响也愈加深刻。

表4-1　2004—2009年和2010—2014年两阶段我国大学生创业扶持政策要点

时　间	发布者	标　题	相关的政策要点
2004.3	国务院	2003—2007年教育振兴行动计划	高水平大学建设；促进毕业生就业，引导自主创业
2009.1	国办	关于加强普通高等学校毕业生就业工作的通知	鼓励和支持高校毕业生自主创业，就业为主
2011.5	国务院	关于进一步做好普通高等学校毕业生就业工作的通知	在之前基础上，增加创业扶持政策，加强创业教育、创业培训和服务
2012.2	国务院	关于批转促进就业规划（2011—2015年）的通知	以创业带动就业
2013.2	国办	关于强化企业技术创新主体地位全面提升企业创新能力的意见	大学在企业主导的产学研合作中的作用和地位
2013.5	人社部	实施离校未就业高校毕业生就业促进计划	提供创业服务
2013.6	工商总局	关于认真做好2013年高校毕业生就业工作的意见	为高校毕业生创业兴业提供政策支持，就业为主
2014.4	财政部等	继续实施支持和促进重点群体创业就业有关税收政策	大学生创业的税收优惠
2014.5	国办	做好2014年全国普通高等学校毕业生就业创业工作	强调大学生创业引领计划
2014.5	人社部等	关于实施大学生创业引领计划的通知	预期2014—2017年引领80万大学生创业
2014.8	人社部	大学生创业引领计划任务指标	各省市的分解指标
2014.11	国务院	关于扶持小型微型企业健康发展的意见	税收、资金等（缺乏对高科技小微企业的专门意见）
2014.11	教育部	做好2015年全国普通高等学校毕业生就业创业工作	全面推进创新创业教育和自主创业；就业创业指导教师专业化专家化

资料来源：整理自中华人民共和国中央人民政府网站和教育部等部委网站。

第三阶段可以归纳为注重素质的创业教育普遍推行阶段（2010—2014年）。"以创业带动就业"是第二、三阶段最多的官方话语，但这个词也可以有多种理解，创业仍以解决就业为目标，但又有所超越。2010年开始，教育部重视创业教育问题，将其与素质教育相关联。成立了教育部高等学校创业教育指导委员会，成员包括高校专家和社会知名人士尤其是企业家。2011年教育部发布了创业教育教学基本要求，是中国本土的第一本标准，制定了《创业基础》教学大纲，要求建立创业教育基本体系，2012年正式出台文件，提出四个基本要求。人社部等九部委2014年发出通知，启动实施"大学生创业引领计划"。该计划强调了各级政府政策的作用，强调了普及创业教育、加强创业培训、提供工商登记和银行开户便利、提供多渠道资金支持、提供创业经营场所支持、加强创业公共服务六个方面的综合施策，为大学生创业提供支持和服务。

第四阶段始于2014年底，是创业教育的蓬勃发展时期，大学创业教育以创新目标为引领，"创新创业"成了关键词。2015年李克强总理在"首届中国互联网＋大学生创新创业大赛"提出，大学生是创新驱动发展战略和推动大众创业、万众创新的生力军。"大众创业、万众创新"的提出是一个里程碑事件，创业教育成为热点，但是有泡沫。中央层面已经出台40多份关于推进创新创业的文件（表4-2仅列出与大学创业教育重点相关的23项），中央政府网站专门开辟了"双创"政策服务专栏，创新创业已经成为国家战略。

国家与省一级政府相关部门对高校开展创业教育提出了细化的要求，侧重于"全面推进"四个字。2015年4月国务院常务会议推出六大新举措促进高校毕业生就业创业，包括社会保险、小额贷款、财政贴息等，启动"大学生创业引领计划"，落实和完善创业扶持政策，帮助更多高校毕业生自主创业。2015年5月国务院办公厅发布的《关于深化高等学校创新创业

教育改革的实施意见》将高等学校创新创业教育改革看作是国家实施创新
驱动的发展战略，事关高等教育综合改革的重要举措，明确创业教育九个
方面的任务（目标、人才培养机制、课程、实践、学生考核评价、学籍管
理制度、师资能力建设、服务、资金保障），涵盖了我国目前大学创业教
育应面对的各个问题。很多省市都开始重视高校毕业生的创业扶持问题，
并前移到在校教育教学阶段，为此单独下了政策文件，其指导性意见提及
的教育教学措施相当细致。如陕西省教育厅下发文件要求高校将就业工作
和扶持创业工作紧密结合，提出有条件的高校应设立大学生创业基金，各
高校应将创业教育纳入课程体系，融入专业课教学和就业指导课程之中，
积极开展创业讲座、创业大赛、社团活动，积极创造条件建设一批创业孵
化基地，为学生创业提供场地、培训、成果转化等方面的支持等。但是从
自上而下的创业教育和支持大学生创业活动的政策连贯性看，语言一致性
程度很高，具体落实却需要一定的条件，各大学开展的创业教育根据所在
区域不同定然存在一定的政策变通和政策空间。

表4-2　2015年以来中央部委重要的"双创"政策

时　间	发布者	主　题	相关的政策要点
2015.3	国办	关于发展众创空间推进大众创新创业的指导意见	公共的创业服务平台
2015.5	国务院	关于进一步做好新形势下就业创业工作的意见	创业带动就业；做好服务；科研人员创业积极性
2015.5	国办	关于深化高等学校创新创业教育改革的实施意见	深化改革，普及、健全创新创业教育
2015.6	国务院	大力推进大众创业万众创新若干政策措施的意见	支持科研人员、大学生创新型创业
2015.6	国办	进一步做好新形势下就业创业工作重点任务分工方案	学科专业结构；纳入国民教育体系；在职创业政策；新型孵化机构

续　表

时　间	发布者	主　题	相关的政策要点
2015.7	国务院	积极推进"互联网+"行动	"互联网+"创业创新
2015.8	国办	建立推进大众创业万众创新部际联席会议制度	国家部委单位间的统筹协调
2015.9	科技部	发展众创空间工作指引	科技型创业；强化服务
2015.9	国务院	加快构建大众创业万众创新支撑平台的指导意见	众创、众包、众扶、众筹；包容创新创业
2015.10	国务院	统筹推进世界一流大学和一流学科建设总体方案	拔尖创新人才
2015.12	国务院	关于新形势下加快知识产权强国建设的若干意见	重点领域中小微企业的知识产权保护；促进知识产权运用
2016.2	国办	关于加快众创空间发展服务实体经济转型升级的指导意见	科研院所、高校优势领域建众创空间；国家级创新平台和双创基地；众创空间的国际合作
2016.3	国务院	实施《中华人民共和国促进科技成果转化法》若干规定	促进高校技术转移；激励科技人员创新创业；营造环境
2016.3	中共中央	关于深化人才发展体制机制改革的意见	强化人才创新创业激励机制
2016.5	国办	关于建设大众创业万众创新示范基地的实施意见	区域、高校等双创示范基地
2016.5	中共中央、国务院	国家创新驱动发展战略纲要	一流大学建设，推动创新创业
2016.5	教育部办公厅	关于进一步做好高校毕业生就业创业工作的通知	促进专业教育、实习实践等与创新创业教育有机融合
2016.6	教育部	中央部门所属高校深化教育教学改革的指导意见	创新创业教育改革形成制度化成果
2016.11	教育部	建设全国万名优秀创新创业导师人才库的通知	创业师资来源比例规定
2016.11	教育部	做好2017届全国普通高等学校毕业生就业创业工作	深入推进创新创业教育和自主创业工作

续　表

时　间	发布者	主　题	相关的政策要点
2017.1	国务院	国家教育事业发展"十三五"规划	双一流建设；培养大学生"双创"能力
2017.1	教育部	公布首批深化创新创业教育改革示范高校名单	99所高校中大多是高水平大学
2017.1	国务院	进一步引导和鼓励高校毕业生到基层工作的意见	基层创业，创业服务网络平台

资料来源：整理自中华人民共和国中央人民政府网站和教育部等部委网站。

我国大学的创业教育模式已有诸多探讨。以大学采取的教育核心内容为分类标准，有学者针对过去国内大学的创业教育提出了三种经典组织模式：第一种提倡将第一课堂和第二课堂结合起来开展综合式创业教育，强调创业意识培养和知识构建。第二种提倡创新创业知识和技能培养与实践的教育模式，以北京航空航天大学和浙江大学为典型代表。此类模式认为创业基本素质的培养是帮助学生迅速提升个人能力的良好途径。第三种以上海交通大学、清华大学为代表，此类模式更加系统科学，提倡学生在实战环节中学习并培养创新创业基本素质（胡桃，2013）。但是这些模式的提出区分度并不显著，随着大学日益深入开展创业教育，做法上都涵盖了以上三种模式，第一课堂和第二课堂、实践能力和理论知识同时都在进行。

大学创业教育的管理方式与其他高校一样，从管理主体看主要有三种：以教学部门为主体的管理方式、以学生管理部门为主体的管理方式、以高校各部门综合协调式的管理方式。综合协调式是指学校设立创业中心、创业学院或大学生创业园区（创业基地）等来管理学校的创业教育（高晓杰、曹胜利，2007）。

我国高水平大学对创业教育日益重视，在以教务和学生管理部门为主的管理方式下，主要通过孵化基地、课程体系、机构改革等做出渐进变革。如北京大学重点牵头的是教学管理部门（教务部门和研究生院），协同学生管理部门、产业技术研究院、光华管理学院、北大科技园、北大校友会和创业训练营等，分别可以代表学生的创业教育教学场所、创新实践平台、创业孵化基地、对外服务基地，理论研究方面有设立在北大的全国高校创新创业指导研发基地等。但其在资源整合和整体协调构建创业教育运行机制方面还不够。大学推进创业教育的最多举措是开设课程、完善教学，如西安交通大学为全校本科生开设了《现代企业管理》等必修课程，北京大学每年为全校本科生开设《创新创业理论与实践》小学期课程（杨丽娟，2012）。研究型大学是资源丰富的重点高校，比一般高校课程更为丰富一些。不过，这些课程基本以选修或经济管理专业学生必修为主，且课程设置比较分散，并没有形成系统独立的创业课程体系。

近年来，大学采取综合协调式成为一种趋势，如创业中心和创业学院主导的创业教育课程计划、创业试点班或强化班等。这是我国大学快速推进创业教育的革新尝试，创业人才培育专门计划在各大学名称相对一致，具体功能有所差异。其针对人群和目标明确，具有相对独立的组织，包括专职管理机构、完整的创业课程计划、固定师资队伍，定期招生（具有强烈创业意愿和潜质的学生）。这类计划与其他院系部门的协调，仍然是当前体制下创业教育管理的重要内容。如中国人民大学创业学院、浙江大学创新与创业管理强化班、北京航空航天大学创业管理培训学院、上海交通大学创业学院、中山大学创业学院黄埔班、中央财经大学创业先锋班，哈尔滨工业大学、暨南大学等也设有专门培养创业人才的创业学院等。这几所大学所在区域是高科技密集与经济发达地区，从外部环境看都有一定的优势，无疑对创业教育会产生许多正向影响。作为大学中的佼佼者，这类高校具有很强的示范效应。

4.1.2　问题与争议

我国高校中最早推行创业教育的是高水平大学，但是目前创业教育的目的、创业教育内容、教育方式方法、师资队伍建设等都存在较大问题。关于创业教育的观念和理论还有许多不同的声音，并未达成共识。有时候创业教育的课程设置和项目设立，都出于模仿，并未根据本校和环境做出改进。

高等教育通常不如基础教育那么重视教学法的问题，但是却需要有一套和专业相匹配的知识传递方法体系。创业教育与学术教育不同，它从实用主义而来，为应用而研究和学习知识，这就对大学的传统教学观念提出了挑战，尤其在中国创业教育的新系统要与传统教学相悖，也要与现有的管理体系相悖。目前的创业教育运行机制很难突破专业和学科的限制，创业教育的跨学科和校外拓展的特性很难发挥出来，用下发文件和设立特殊机构的方式作为重视创业教育的标志，恰恰表明还没有在整体上营造一个有助于创业的校园环境和社会环境。创业学院、创业园、创业班等形式都已具备，但机制内容还没有厘清和充实（桑大伟、朱健，2011）。清华大学和浙江大学的创业教育在国内大学中较为典型，其创业教育举措被广泛关注和报道，值得进一步做深入分析并与国外领先大学的案例做出比较。

在支持创业的内外环境营造上，诸多学者进行了分析，一致认为相比于发达国家特别需要进一步优化和改进。中国创业政策体系包括创业融资、创业服务、创业集群、创业教育和创业文化5个方面（辜胜阻，2009）。越来越多的媒体关注和探讨创业教育问题，反映出社会创业文化越来越积极。创业教育对大学生提高创业熟知程度有很大帮助，有调查显示，117所被调查高校中的"985"高校已全部开设创业教育课程，85%以上的学生接触过创业教育（在沪部直属高校毕业研究生就业工作协调组，2009）。在校园外部的创业融资和服务方面，风险资本环境还未与创业教育和文化相匹配。夏人青等（2012）对1999—2012年间国家大学生创业政策进行了回顾，认为在未来创业政策应该前移，以创业教育为基础，创业政策应该聚焦，加大对大学生创业的商务支持力度，提高大学生创业政策的针对性，即创业政策体系中的融资服务和外部环境非常重要。中国不缺资本，但是具有创新意识的资金太少。中国的风险投资与房地产投资对比明显，风险投资行业发展还很不完善，与我国整个资本市场不够成熟密切相关，资本本质上都是逐利避险的，没有配套的保障，很难期待目光长远的投资规划。

4.2　清华大学的创业教育

清华大学是国内最早开展创业教育的高校之一，是教育部2003年第一批创业教育试点院校，清华大学创业教育试验区于2009年成立，是首批"全国创新创业典型经验高校"（2016年度）。清华大学在其年度毕业生质量报告中提到：逐步构建起以"创业启蒙—创业课程—创业赛事—创业实践"为内容，以"全过程累进支持、全方位匹配资源、多方协同支持、强化实践训练"为机制特征的创业教育体系。因其中心、课程、项目的出色，创业教育国际化和创业教育的启蒙阶段都做得十分突出，被认为属于"均衡型"创业教育模式（王华锋，2010）。清华大学构建创业教育运行机制是动态发展变化的，一开始并没有明确的理念和架构，一些项目和组织机构还在不断调整变化中，在官方网站上，不同的组织机构有相对不同的提法。但其创业教育经验总结非常迅速，并能很快被全国、全世界的同行知晓。清华创业教学指导委员会明确提出，要"促进创新创业教育的通识化，使其与专业教育有机融合；推动以往教学中注重知识传授向注重创新精神、创业意识、创新创业能力培养转变"。

本节清华大学的案例分析主要针对创业教育体系的核心要素及运行过程，研究资料主要来自前人文献、官网资料、官方报告以及清华教师的访谈。从创业教育体系的核心要素分析看，清华大学创业教育通过相对松散的"多点"努力来致力于达到学术型、专业型人才相互促进，专业和创业互相融合，运行过程中有明显的学生分类培养机制。

4.2.1 理念与目标

价值塑造、能力培养、知识传授"三位一体"是清华大学教育的基本理念，也是创业教育理念的基础。在大学教育与创业教育的关系上，清华大学认可大学教育应支撑创新创业，创业人才需要长期培养；反过来，创业教育是学校"兴业英才"培养的重要组成部分，要以创新创业教育推动教育教学改革，最终提升学校整体的人才培养质量①。清华大学创业教育不是面向少数具有创业意愿的学生，而是面向全体学生，唤醒全体学生的创新创业意识。在创业教育与社会的关系上，清华大学认为创业教育与社会关系密切，要在开放环境中培养创业人才，强调对社会开放、对世界开放，打造可持续、多样化的创新创业教育平台。

创业教育目标是激发学生的创新创业精神和潜力，树立开拓创新的意

---

① 根据清华大学创新创业教学（专项）委员会成立的职责而整理。

识[①]。创业教育的定位是基于创新的创业，鼓励创意、创新、创业"三创融合"。大学在整体上要形成推动创新创业的良好氛围，更推崇创客教育，创客是把创意变为现实的人，参与"三创"活动的师生都是广义上的清华创客。

　　清华大学的大学生在读书期间从事自主就业和创建公司的比例在同行高校中均较高，但是对于就业率而言，毕业直接创业学生是少数。清华大学平均每年毕业学生逾6500人[②]，2015届直接创业的毕业生为60名，2016届突破百名。虽然直接创业的学生比例不是特别高，毕业生中选择创新创业类企业的比例在上升，毕业后3—10年创业的人员更多。2016年《国际高等教育研究机构世界大学排名》公布的"QS全球毕业生就业力排名"中，清华大学位列世界第三、亚洲第一。

4.2.2　组织与管理

　　清华大学的创业教育不是统一组织安排的，而是各院系根据实际条件开展的。从整体的运行管理上看，2015年9月初清华大学创新创业教学（专项）委员会成立，由机械系、电机系、工业工程系、美术学院、经管学院、航院、金融学院等院系的10多位教师组成，对全校层面的创业教育起决策咨询、指导和联络的作用。虽然创业教育目前主要是国家政策在推动，但是清华大学创业教育的开展有自下而上的自主传统，最早是经管学

---

① 来自于清华大学新闻网《清华创建创业教育创新实验区》，2009-5-19。人才培养目标的表述是：素质全面、知行统一、具有开拓能力的人才；具有较强的专业技术背景，又熟悉商业运作规律的复合型人才。
② 根据清华大学职业指导中心统计资料，2015年清华大学毕业生就业的单位以企业单位为主，其中在国有企业就业比例最高；其次为高校、科研及其他事业单位；再次为各级党政公共部门。2016年就业人数约4000人，深造人数约3000人。

院的教授注意到了传授创业方向课程的重要性。

创业教育作为商学院的常规和传统课程，清华大学经管学院1997年开始筹划在MBA培养中设立"创新与创业管理方向"，1998年正式设立该方向课程。同时，技术经济与管理系开始了创业方向的研究和教学。目前经管学院的硕士和博士项目都有相关的创业课程及学科方向，他们在推动创业研究的同时能够在X-lab中得到创业加速服务，经管学院每年的毕业直接创业者人数全校最高。

清华大学共有20个学院，创业教育在"商学院"外各个院系都开展。全校性的创业理论课程依托清华大学经济管理学院中国创业研究中心以及清华大学技术创新研究中心开设，帮助学生获得政策法规、创业素养、企业管理等创业所需的各方面专业知识，创业实践课程则依托工程学院及工业训练中心创客空间（i. Center）。美术学院有设计与科技创业实验室课程，针对高年级本科生，集中两个周末快速开发原型。经管学院拥有多个创业研究中心和项目，牵头创新实验室X-lab项目。目前除了创客空间、创新实验室两个较为重要的创业教育平台外，还有其他分散的计划或项目，如学生未来兴趣团队、"启·创"、SRT专项（大学生研究训练计划，每年百余项）、星火班等。

4.2.2.1　i.Center辅修学位＋创客空间

2014年清华在基础工业训练中心内打造了创客空间"i. Center"，联合美术学院、工业工程系、校友会等，聚集工程、科学、艺术、人文等领域的创客资源，为清华师生提供全方位的创意创新服务。2015年设立创新创业辅修学位，旨在培养智能硬件、机器人及智能交通3个前沿技术领域的创新创业"科班生"。2016年秋技术创新创业辅修专业（简称清华技创辅）开始招生（首批90人），由i. Center提供教学管理和服务支撑。

该辅修专业有两个鲜明特点：一是要求学生组成跨专业团队，以团队合

作的形式最终做出创新性产品；二是实行跨院系的联合主任（co-director）
制，每个合作院系各出一名联合主任，不分主次，保证学科交叉培养人
才。技创辅导师团队成员、跨学科培养方案、学生来源等都体现了跨院系
交叉办学模式。

表4-3　i. Center创新创业辅修专业培养模式

教育要素		课程与要求
教育内容	全球共性的前沿领域，技术、设计与商业三者融合	共同课组和专业课组 共同课组：产业前沿、设计思维和创业训练3门核心课 专业课组：1门跨学期的专业创新实践课以及技术、设计和商业3个专业选修模块
教育方法	以创新产品开发为核心，跨界学习和团队实践；以跨院系合作的方式	
教育目标	掌握全球化背景下的创新创业理论、方法和工具，拓展学生的创新力和领导力，培养学生的首创精神与企业家精神	
师　资	计算机系、机械系、美术学院、经管学院和基础工业训练中心等9个院系的导师	
招　生	清华大学全日制本科生（来自社科学院心理系、理工院系、美术学院等）	学制一年半，要求修习不少于25学分的课程

i. Center集工程训练、创新创业训练、工程文化素质训练于一体的教
育教学体系（近30门课程，表4-4）实现了将创业融入专业。强化综合性
实践科目设计，全面推行基于项目、基于案例的教学模式，增加学习挑战
度，以实践课程为教学产品。

表4-4　2015—2016学期i. Center课程体系

课程功能	课程系列	代表课程
资源整合挖潜	工程训练系列	制造工程实践　金工实习

课程功能	课程系列	代表课程
资源开放	创新创业系列	包括科技竞赛、项目训练、课程训练 创业认识与实践　创业导引 SRI项目　创意设计与制造
资源拓展	工程文化教育系列	工业文明与工程文化

i. Center为学校和中心的各项创新课程和创业大赛提供服务，包括机械创新设计实践等以项目训练为核心的教改课程以及SRT等各种创新实践项目，全国挑战杯、创业X-lab、机械设计大赛、能源动力设计大赛等。i. Center最大的特点就是开放和自主，只要是清华学生都可以无偿地使用实验室的场地、设备，并由实验室值班老师提供指导；学生可以在保障安全的前提下，自主使用设备加工自己的试验品。中心的创新实践教学平台年接纳学生超过7000人次，清华学生中创客文化非常流行，创客空间已经拥有多项成果。

4.2.2.2　X-lab 本科第二学位＋服务平台

2013年清华大学成立X-lab，由经管学院牵头，与信息科学技术学院、机械工程学院、材料学院、工程物理系、公共管理学院、航天航空学院、环境学院、建筑学院、美术学院、医学院、理学院11个院系共建。X-lab旨在跨院系整合大学内各种资源，协同创新，打破了以专业教育为主的传统，在多学科交叉的基础上进行实践教学，并以学生为主导。该项目惠及清华大学在校本科生、研究生和博士生，以及毕业后开始创业的年轻校友。X-lab开设本科管理学第二学位创新创业领导力方向。旨在培养学生深入理解管理学的一般原理和把握与创新创业有关的专门知识和技能，与第一学位专业学习充分融通，站在未来时代需求的高度，能与创新创业实践相结合，有效提高创新创业领导力。课程设置上，既包括必修的管理学基础理论课，也包括可供学生选择的应用性选修课（创业方向包括创业领导力、设计思维、技术创业、社会创新与创业、互联网商业模式创新、创业金融、创业决策模拟共7门可选）。同时为学生开拓国际化视野，培养能在国际竞争中立足的应用型、复合型人才。X-lab让学生在学好本专业的基础上，更加关注交叉学科，获得更好的创业训练和机会，与产业界有更多交流。

X-lab与校外企业、投资机构、专业服务机构、地方政府高新区建立合作伙伴关系，搭建"创新创业生态系统"，实现创新创业要素的聚集，建有数个垂直领域的创新中心。X-lab设立驻校企业家（EiR）、驻校天使（AiR）参与实践教育，每个学期定期在清华大学现场指导，与教师、学生在X-lab平台上互动，推动富有创意的思想和技术变成社会需要的产品和服务。此外，X-lab还将积极开展支持学生创意创新创业成长的各类服务。截至2016年底，该平台已经加速成长了230多个项目。

4.2.2.3 国际化的创业教育项目

学生国际化培养包括了走出去和引进来两部分。清华大学针对本校国内学生的平台主要是与国（境）外知名院校合作开设了40多项联合培养双授联授学位项目，数量在国内领先。虽然这些不完全关乎创业教育领域，但在大的基数下，创业人才培养相关项目不少，如机械工程学院与德国、俄罗斯各有一个，经济管理学院与法国、美国、新加坡等地知名大学的管理类双硕士培养项目有7个。尤为著名的是清华-伯克利全球技术创业教育项目，开设数据科学交叉学科双硕士学位项目和三个技术类博士项目，培养面向国家发展需要、企业创新需要和具有国际竞争力的创业人才。

针对国外留学生，清华大学先后开设英文研究生学位项目20项，其中工程类项目12项，人文社科类项目8项，包括全球MBA项目和苏世民学者项目。2015年清华大学、美国华盛顿大学和微软公司合作创建全球创新学院（简称GIX），它是清华大学在美国设立的第一个实体校区，走出了国门，创立了以跨国、跨学科、跨界融合为特色的高等教育和研究平台，并于2016年开设互联网双硕士培养项目。苏世民学者项目面向全球选拔青年人才到清华大学进行研究生课程学习。项目由苏世民学院管理，经济管理学院、公共管理学院的知名教授负责牵头，组织全球领先学者师资开展为期11个月密集的硕士课程，包括5门核心课程，以及公共政策、经济管理、国际研究三个学术领域中选择其一的专业课程（5—6门）。该项目全部为英语授课。新生入学后首先参加密集式新生训练营，之后进行核心课程、专业课程学习和实地体验、论文写作。专业课程中的创业课程有全球媒体与传播、战略管理、风险管理、创新与创业等。旨在培养学生具有宽广的国际视野、优秀的综合素质和卓越的领导能力，并了解中国社会、理解中国文化。本项目实质上有利于把中国文化深入传播和输出，并有利于国际化的创新创业教育。

4.2.2.4　与研究结合的创业教育项目

学校将创业教育引入学生研修培养计划，开设"SRT自主创新创业专项"训练，为创业团队匹配学分和经费。该训练计划源于清华大学为本科生提供早期参与科研实践、接受引导性基础研究训练的机会。每年均有60%以上的本科生参加到学校支持的1000多个项目中。该项目同时具有国际化特征，实施海外研修计划、交换学习等项目，参与的学生覆盖100%院系。学生研修计划中还包括产学研结合的实践训练课题，如"逆向创新工程"与学生创新创业培养计划相结合，从产业升级转型的实际问题和需求出发引导创新，开发解决方案。目前已发掘30多个市场价值过百亿的逆向创新课题，并有20多支团队投入逆向创新工程。

清华开设了多个选拔性的创业人才培养计划，主要在本科生中实施。"启·创"培育计划（2013年启动）汇聚校内对创业最具梦想和潜质的学生，是在"国家大学生创新创业计划"基础上形成并衍生的专项人才培养计划。该计划由教务处、校团委、X-lab共同发起，由校团委创业中心负责具体组织实施，支持学生创业团队赴海内外创训机构开展创业实训。"星火班"和学生科技兴趣团队，招收校内最具创新潜质的学生群体，选拔过程严格，也有海外研修环节。"星火班"自2007年成立以来，已经取得较多的学术成果，并产生5位全国挑战杯特等奖得主。学生科技兴趣团队联合国内外知名企业与科研机构共同组建，涉及能源环境、信息技术、先进制造、人文社科、创意设计等诸多领域，覆盖上千学生。

4.2.3　创业拓展和服务

4.2.3.1　学生创业活动的第二课堂

创业教育第二课堂以创业赛事和创业实践为内容，同样属于课程教学体系的组成部分。创业教育的启蒙阶段通过创客日（2014年开始）、创意咖啡、创业讲座、创客竞赛等形式实现创业基本概念和知识的普及。清华大学在1998年引入大学生创业计划大赛，目前有创业计划大赛和社会公益创业实践赛两大赛事，参与人次和赛事数量都很庞大，赛事相关讲座、培训和活动普惠学生。"清华创业堂"是学生创业协会主办的品牌沙龙讲座。清华大学校内科创类社团和学生科技兴趣团队对推广文化有巨大作用。如学生创客空间协会（成立于2013年），建有自己的网站，定期举办线上线下的技术入门教学、经验分享、操作体验、各类比赛，已有超过1000名注册会员，三分之一来自非工科专业，举办的活动覆盖了校内及校外的人群，传播度和影响力非常大。

学生职业发展指导中心是学生创业指导的核心机构。一方面，设立创业工作部来做毕业学生的创业指导和服务工作；另一方面，整合、对接创业资源，校内联络教务处、研究生院、校团委、基础工业训练中心和各院系，校外则联系校友会、基金会、校企集团及清华科技园、地方政府等外部资源，实现政府、企业、高校和投资者的共赢。

4.2.3.2 校内外联结的创业孵化平台

清华大学与政府、投资界三方打造的高校创业服务平台"创＋"，旨在搭建高校创业项目与社会创业资源的桥梁，为创业初期的学生和团队提供政策支持、风投对接、公益基金等服务，亦包括公司注册、政策咨询、导师指导等内容。"创＋"由线下空间和线上网站两部分组成，线下空间为创业者提供活动和交流的场地，线上网站为创业项目提供展示与互动的平台。累计入驻团队数百支，2016年有30支项目拿到天使轮投资，总融资额度超过1亿元。

清华科技园依托启迪控股集团发挥了孵化器和加速器的作用。启迪控股集团作为校办企业，内部机构设置还在不断变动中，但从其1993年成立后的大事件看，其对创业教育的推动作用很大，所属的启迪商学院注重外部培训，而启迪创新研究院则注重对创业的研究，2017年最新的一个变化是产生了一个学科和一套课程体系。清华科技园还建立了多个省市的学生实践基地，主要提供创业优惠政策。科技园聚集清华大学校友资源，为大学生创业企业联系项目、销售产品、争取扶持政策，以及提供初创小企业难以争取的银行金融服务。科技园作为创业孵化器，能够方便地整合国内外政府、产业、学校、研究机构、金融机构、中介等各方专家资源。其师资队伍包括清华大学经管学院教授、创业投资家、创业成功人士。

水木清华校友基金是基于清华大学校友网络的创业投资平台，为创业者提供创业基金、创业教育及行业资源的对接，是国内首支基于校友网络的创业基金。种子基金的运作方式是"校园＋基金＋孵化器"，帮助在校学生、毕业创业者与校友和社会资源对接，提供初始启动资金、创业教育与辅导、配合专业的投后管理咨询等服务。2016年开始举办校友创意创新创业大赛，各地组委会在创业热点地区建设常态化运行服务平台支持校友和学生的"三创"活动。另外，校友的创业圈影响到了国外，清华大学校友在硅谷从事创新和创业活动可以得到清华大学企业家协会（TEEC）的支持，其在硅谷设立了孵化器和天使投资基金。互助的清华大学校友圈形成了"创业成功—回馈帮助创业—创业成功"的循环累加效果。

清华大学所在的海淀区、北京市政府对大学生的创业有诸多扶持政策。如北京市教委发布《关于支持北京高校大学生创业的实施细则》，关于学生休学创业、专项资金、各级孵化器入驻等有细则规定，重点扶持科技创业。清华大学所处的中关村和五道口，有大量人才、大公司、风险投资和产业配套。中关村地区的科技企业孵化器种类很多，包括国家和北京市大学科技园、中关村示范区创新型孵化器等，中关村管委会根据《中关村国家自主创新示范区创业服务体系发展支持资金管理办法》给予创业者扶持。清华大学创业教育的外部条件和整体氛围具有很大优势，作为传统工科院校的清华更能利用这些条件。

4.2.4 高水平研发推动

清华大学的高水平研发体现在基础研究、技术转移和国际化融合在一起，有些项目和平台对创业教育有明显作用。清华大学的全球科研合作网络主要是通过与国际一流大学、知名跨国企业、国际组织等建立战略合作伙伴关系，并启动联合科研种子基金，推动清华大学在国际重点前沿领域的研究。通过建立国际合作联盟、联合研究中心和海外知识交流中心等，同时实现培养全球领军人才的目标。如2015年清华大学整合四个院系力量与亚琛工业大学共建国际联合实验室，并得到西门子、大众公司的支持；清华-伯克利深圳学院以培养全球产业领军人才为目标，联合了深圳地方政府、企业界力量，开展跨学科学术研究和教育，该项目还回应了深圳地方的需求。西门子公司在清华大学成立了"清华-西门子知识交流中心"。联合研究中心旨在产生具有工业应用价值和社会影响力的重大科研成果，并培养优秀的本地人才。许多海外企业还向清华大学委托研发项目。清华大学国际化合作产出的成果通过技术许可或转让的形式应用到海外企业的实际生产中。

清华大学的技术转移工作与国内高校类似，但服务国家、区域经济和社会发展及企业创新的广度和深度都超出了一般高校。技术转移平台根据国家发展需要不断延伸和拓展的过程具有强烈的国家导向，并非市场导向，这点与国外的大学有差别。除了技术转移研究院，清华大学的技术转移管理体系还包括企业合作委员会、科技开发部、海外项目部、国际技术转移中心四个部分，细化管理校企合作、地区合作、海外项目和引进海外技术。

清华大学建立了多层次、多形式、多渠道的科技合作形式，与部委、地方、海内外企业都有合作，技术转移工作在国内处于领先水平，但与国际相比，成果转化率仍然不高①。技术转移进一步推动创业更是乏力，还没有建立高效的衍生企业流程，科技人员创业和学生创业并未与其强大的科技成果产出相匹配。

4.2.5　特点与挑战

清华大学的创业教育始终贯穿着国际化的努力。其努力方向不是慕尼

---

① 沈慧，有关数据显示我国科技成果转化率不足30%。来自中国经济网报道，清华大学相关部门评论了科技成果转化现状。http://finance.sina.com.cn/roll/2016-01-25/doc-if-xnuvxc1956898.shtml

黑工业大学推动的教师多元化，而是推动学生走出国门，同时加强对国际学生的吸引。国际化也是对其高水平研发和教学的推动。最重要的是表明了中国一流大学对世界开放的态度，改变长期以来的学术输入、人才输出的单向状况，通过培养国际创业人才（解决中国和全球的挑战性问题）提升我国大学的影响力。

清华大学创业教育具有开放性特征，创业教育面向全国全社会，并具有外部影响力。创业教育线上和线下两种途径都加以运用，拓展了其教育资源的受众。清华大学经管学院线上教育平台"学堂在线"开设"中国创业学院"频道，推出系列创业在线课程。在线课程以问题为导向，分为"思想类""技能类""职能类""领域类"四个层面，有《设计思想》《社会创新》《商业模式创新》等20多门。五道口金融学院互联网金融实验室开设了"创业者网"作为线上创业教育平台。清华科技园大学生创业就业实习基地向北京市大学生创业团队开放，接纳大学生创业团队进驻，定期举办"英特尔-清华"全国大学生创新创业实践夏令营和清华大学中国创业者训练营，使学生获得企业运营的直接经验，大学创业中心则帮助创业团队进行孵化，提供办公场地、种子基金、金融等服务。i. Center不仅为大学生提供创客活动和培养的平台，同时延伸至中小学生创客教育，还开放汇集北京乃至全国的创客们。2015年清华大学发起并成立了"中国高校创新创业教育联盟"，联合了国内众多高校和相关企事业单位、社会团体的力量，意在引领我国创新创业教育的发展，推动国家"创新驱动发展战略"的实施。

清华大学的创业教育实质上是分散自主开展的，并未从顶层设计上对学校各院系进行规定。各职能部门加强的是创业教育的联络和指导的工作，针对创业教学的大量举措是通过各类"班级化"的项目对创业学生进行选拔和分类培养的。在此过程中，对教师和学生遵循传统上就强调的自主独立性，自下而上的创业氛围的形成在清华大学尤为重要。清华大学注重学生集体的建设，也赋予了学生校友"抱团"的传统，一个是本专业班级，还有就是根据兴趣爱好特长具体起来的第二集体（星火班、思源班等）。

清华大学创业教育面临的挑战也来自分散培养可能带来的问题，以及国际化和技术转移对创业的推动不足。有参加星火班的学生表示，与其说是这个计划让学生变得优秀，倒不如说这个计划特意把优秀的学生聚拢进来；计划本身并不能让学生变得更优秀，因为计划没有带来更多的资源途径，也没有带来更便捷的服务；这些计划的本质与联谊会、俱乐部、协会、社团类似。这样的观点反映出大学创业教育项目本身的质量还有待提高。分散的机构主导的创业教育需要获得同样的师资和资源，相互合作的密切程度不够，也分散了教育责任，教师创业带动学生创业还是极少数现象，创业教育整体运行机制的改善建设，能够更好应对诸如此类的挑战。

4.3 浙江大学的创业教育

浙江大学是综合性研究型大学，有卓越的学科组群和历史积淀。2013年浙江大学本科生创业率4.16%，居全国高校首位。2015年《美国新闻与世界报道》发布的"世界大学工程类专业排名"中，浙江大学位列第四，强大的工科为浙江大学创业教育带来了特殊影响。2015年浙江大学被教育部评选为"全国高校实践育人创新创业基地"，2016年评为"2016全国高校创新创业教育50强"。有研究认为，浙江大学创业教育在创业课程、创业管理专业、创业学术研究等方面独树一帜，属于专业型创业教育模式（王华锋，2010），但这还不足以说明其创业教育运行机制。

本节浙江大学创业教育运行机制分析资料来源主要是前人文献、官网资料、独立的创业相关机构网站资料、年度工作报告、就业质量报告以及教师学生的访谈。浙江大学创业教育的要素主要从教育目标、课程教学、管理、平台等方面进行分析，具有典型的多层平台协同机制，显著的特点是：师生创业的目标导向；核心的创业教育项目精细化；产学研合作始终贯穿着创业教育；创业研究与创业教育研究作为重要支撑；利用区域创业资源与全球视野的国际融合。

4.3.1 理念与目标

浙江大学创业教育的社会功能定位为适应教育全球化发展需求、响应创新型国家建设战略需要、服务浙江省区域经济快速发展。创业教育的价值体现于两个方面：一是促进大学发展，创业教育是浙江大学建设世界一流大学的重要途径；二是对学生培养的正面作用，基于创新的创业人才培养被视为浙江大学培养"时代高才"的核心战略。基于创新的创业是大学师生创业的本质，区别于低端产业、低价产品、低水平技术的传统创业模式，是高水平创新和高层次创业。当前创业界涌现的"浙大系"的最大特色，就是以创新为基础的创业。[①]浙江大学具有"学而优则创"的文化内核，基于创新的创业是总体上的方向引领（林伟连、吴伟，2017）。要做到"基于创新"，浙江大学采取的策略是提高研究水平（包括创业研究）、

---

① 《以基于创新的创业（IBE）为特色，全链条构建具有时代特色的一流高校创新创业教育体系》，2016年浙江省教学成果奖一等奖。

注重"通识教育"的课程体系建设，"技术产业化"促进智力与资本深度
融合（高水平的产学研结合）。

　　浙江大学的创业教育有一个非常重要的师生创业的目标导向，通过为
师生创业提供的政策保障可以看出。一方面是学生要学习创业，另一方面
是要促进科技人员即教师的创业，更高一层次是通过教师的创业能够带动
学生创业。浙江大学发布校内文件《关于全面服务创新驱动发展战略的实
施意见》，激励教师从事高水平的科技成果转化和高新技术企业培育，鼓
励和支持本科生、研究生自主创业。具体做法是基于多学科综合优势，利
用区域创新创业资源，形成从创业启蒙到培训、竞赛再到孵化、实践的全
方位创新创业教育体系。浙江大学成立学生创新创业教育工作领导小组，
出台《国家级大学生创新创业训练计划项目管理办法》和《关于研究生在
学期间停学创业的暂行规定》，以处理创业与就业、学业之间的关系。

4.3.2　项目、课程与教学

　　浙江大学的创业教育分散在各院系，但又以工科类院系和商科院系
为重点，具有正式的本科或研究生的创业培养项目。实践和实战孵化的
创业教育教学则是依托学生自我组织与管理。管理学院是浙江大学创业
教育全校性课程的主要来源，开设《创业教育》《创业与创新基础》《技
术创新创业》等课程30余门。管理学院自身建立了从本科到博士的创业
教育体系，并能够将创业研究与创业教育相结合，注重国际合作。在学
院层面有创新创业与战略学系、创新基地、创业实验室和众多从事创新
创业研究与实践的学者教授。学院学生工作办公室、职业发展中心和
MBA教育中心也有专职人员负责创新创业资源平台的建设与活动开展。
开办的创业教育项目有：全球创业管理硕士项目、MBA创客班、硅谷创

业实验室等。

4.3.2.1 ITP专项的培养计划

作为创新创业精英人才的培养项目，浙江大学1999年开始建立本科生创业辅修专项计划"创新与创业管理强化班"（简称ITP班或强化班），由管理学院与竺可桢学院（浙江大学培养精英本科生的荣誉学院）共建。学生经过选拔进入班级，需要首先保证完成本专业学习，同时辅修两年的ITP课程。2014年开始增加全日制研究生、校友的旁听名额。完成全部课程的学生，可获得学习证书或荣誉辅修证书。整个课程设置、模块设计参考了哈佛大学、剑桥大学、斯坦福大学等知名商学院的经验。强化班的任课老师均承担MBA的教学工作，所以大量采用MBA模式的案例教学、情景教学，以团队形式完成综合调研，参与企业实习。班级管理采用学生自主管理模式，班委自行主导，以项目制分组运营。班委类似项目统筹部，针对每一次任务专门形成快速行动小组，带动整个集体分工协作完成项目任务。此模式加强了班级的交流沟通，培养了学生的社会软技能。

ITP课程就是项目的完成过程。招生、企业参观、素质拓展、实习生交流会、学术沙龙等都是项目运作的成果。另外，还有企业家导师项目组，主要以讲座和参观等形式开展，参照浙江大学MBA导师制，是教学方与企业方双向互利的合作平台。项目组通过举办各类活动——创业论坛、受聘仪式等吸纳创业导师、捐赠基金，并达到锻炼学生、扩大影响力的目的。ITP项目开设历史较长，不断完善，已经形成了一定的培养模式，各教育要素用表4-5显示。

表4-5　ITP辅修专业的培养模式

教育要素		课程与要求
教育内容	高科技产业化企业家精神和产业知识	1. 课堂教学环节 2. 实践环节：企业见习；创业设计（个人或小组独立设计完成具有真实背景的创业设计活动方案）
教学方法 教学组织	讲座、内训，互动式教学，MBA模式的案例教学 企业家导师项目组，学生项目制分组	
教育目标	高科技产业经营管理创业型人才；未来企业家 培养学生卓越的全球化视野	
师　资	企业家、职业经理人； 管理学院、经济学院和公共管理学院名师	
混合制招生	非管理类全日制本科生二年级中选拔40人； 本校全日制研究生10人、青年创业校友10人旁听	学制两年，26学分的课程

　　ITP特色的教学方法称为内训，实质是内部研讨会，除了企业家、专业人士，还邀请优秀的强化班高年级生，有传帮带的作用。ITP给予其学生参加创业计划竞赛经济上和学术上的支持。ITP集中了学校创业教育优势资源，有多学科交叉环境，为国内大学中集中进行创业教育的最早先例，该计划为学生形成了比校友圈更小的创业精英圈。据不完全统计，1999级至2012级共600名ITP学生中创业人数达83人，比例达14%，2004级创业率28.3%，有多家创业公司已上市。

4.3.2.2　国际合作开展创业研究与教育

　　创业教育的国际化，主要体现在与国外一流院校、国际组织合作开展创业人才培养，举办创业教育交流学习活动，联合建立创业孵化平台，促进国内外学生创业者对接。2013年浙江大学成为联合国教科文组织创业教育教席单位，次年联合国教科文组织中国创业教育联盟设在浙江大学。浙江大学每年组织12—14位学生（创业团队成员）赴美国硅谷、斯坦福大学等，开展暑期创业教育实践活动。

浙江大学的创业研究依托多个中心，并注重国际合作，每个中心侧重点不同。如全球浙商研究院有创业与家族企业研究、浙商全球战略与运营、浙商案例研究等团队，并将研究成果通过出版物和国际论坛等发布扩散，注重对本地区特有的创业文化进行研究。2011年浙江大学管理学院加入全球成功跨代创业项目（STEP），与全球精英商学院和成功的家族企业合作，推进对浙江省和中国的"创二代"的研究。浙江大学全球创业研究中心聚焦人才开发、创新研究、全球策略三要素，是国内首个建立创业管理硕士点和博士点以及工商管理（创业管理方向）博士后流动站的创业研究与教育机构，目前该研究中心联合"国际创业学院"开展战略合作，推动创业教育与创业能力开发。

创业教育国际项目有工程师学院的中法创新创业管理双硕士项目和全球创业管理项目（Global Entrepreneurship Program，GEP）。前者是浙江大学工程师学院与三所法国著名工程学科院校合作培养具有国际视野的工程科技人才和精英工程师。后者由中法美高校联合开设，旨在培养具有国际视野、交叉文化背景、熟练外语能力、扎实创业管理理论与方法的复合型人才。

作为浙江大学创业教育推进的首要学院，管理学院国际化战略上把着眼点落在切实有效地培养学生的全球视野，在专业设计、课程安排和师资配置上明确从国际化到全球化的转变。学院国际化战略聚焦创新创业领域，在合作研究项目、合作培养项目、教师互访项目、学生交流项目、师资培训项目及高级管理人员培训项目等领域与海外一流商学院展开合作。

4.3.2.3 灵活的创业教育实践与实战体系

浙江大学的创业教育实践体系以创业大赛及其他各类活动为主，主体是学生团体，创业预孵化平台功能较之普通实践活动更接近创业实战。浙江大学组织举办与参加的创业大赛很多，最早为1997年举办的"蒲公英"

创业计划大赛，2003年承办"挑战杯"创业计划大赛，另外有"天使对接项目"大赛、校友创业大赛、"新尚杯"等多个创业竞赛活动。其中，"蒲公英"大赛历史最为悠久，累计共有千余支参赛队伍，产生了数个资产规模过亿的创业团队，中国"互联网＋"大学生创新创业大赛等也获得许多奖项。创业竞赛作为演练平台，能推动浙江大学学生创业项目的融资进程，尤其在2014年举办首届大学生创业"天使对接项目"大赛后，到2016年底，浙江大学以在校生为主的创业团队，获得总量数亿级的风险投资。

浙江大学最早的创业类学生组织是1999年10月成立的研究生创新创业中心，目前有未来企业家俱乐部、勤工助学与创业实践指导中心、KAB创业俱乐部、创业训练营、创业浙大、创业精英俱乐部、创业联盟等20多个学生创新创业组织。大多数社团都是由学生工作职能机构领导，院系教师具体指导，有的社团能得到市政府等外部支持。举办各种创业实训项目（创业大赛、"创业者导航"、低年级学生的"创业点子秀"等），提供与创业相关的理论知识培训，开展讲座和沙龙等。通过企业家创业论坛、创业总裁说、企业家结对等方式，实施"大学生创业导师计划"，邀请200余位知名企业家、投资人、行业专家等担任创业导师。管理学院开展的创投资本峰会、创业周末与创业大赛、创业路演活动等也面向全校。

浙江大学第一个大学生创业实践基地是紫金创业元空间，对校内学生开放，具有预孵化的作用。元空间2015年正式启用，通过社会捐赠成立了元空间基金，选拔包括本科生、博士生在内的在校创业团队入驻。元空间的运营主要是靠学生组织——浙江大学创业联盟，发挥集合讯息、线下创业训练营、资源对接的功能。另外，加强与政府、企业的联系合作，构筑创业教育的发展外围，为创业团队提供税收、场地等扶持，与浙江大学科技园、杭州高新技术产业园等多家创业园区合作共建创业实践基地。由此，2014年以来校内其他创业孵化机构得以密集开设，有浙江大学虚拟创业园（高新创业苗圃）、e-works创业实验室、COOKIE创客空间、IDEA BANK创客空间等。

4.3.3　产学研结合推动

浙江大学的产学研合作工作很早开展，并通过人才政策、知识产权制度、科研评价机制、组织管理机构等方面经过顶层设计和不断改革，现在的产学研合作职能与创业教育紧密相连。浙江大学整体的研究规模和质量为师生创新创业奠定基础，学科、科研经费、专利数都居国内前列。产学研合作推动创业教育是其最大的特色，全校的学术院系和部门都与此相关，但最为突出的平台按其具有的功能可以分为技术转化类专业服务平台（注重师生高科技科研成果转化对接）和研发、服务、教育集成平台（有正式的创业人才培养项目）两大类（见表4-6），两者都注重国际合作。

表4-6　浙江大学产学研合作载体的类型分析

类　型	载　体	功　能
技术转化服务平台	工业技术转化研究院；大学科技园	技术开发与创业孵化结合，技术转移与风险投资结合，国内外工业科技成果的集成化、产业化和国际化；创业孵化，创业培训与宣讲，约7万平方米创业场地
	国际创新研究院	推动自主创新的科技研发，以及国际合作开展研发；组织国际人才交流；组织成果转化，建立国际接轨的、企业化的技术转移体系
	浙江大学创业服务平台	利用浙江大学校友创投资源，带动支持浙江大学师生及校友创业，促进科技成果转化与产学研合作
	创新技术研究院有限公司	技术引进，产品研发，产业培育孵化；面向区域产业经济发展需求
	良渚/义乌创业育成中心	与区域地方合作，建立在校外，围绕培育高新技术企业，实现科研成果的转化对接，小微企业孵化器

续　表

类　型	载　体	功　能
集成平台	工程师学院	创客教育，开设中法创新创业双硕士项目等
	紫金众创小镇	产业技术研发、众创服务（知识产权交易中心）以及创新创业学院

　　浙江大学国家大学科技园2004年建成，并与浙江大学工业技术转化研究院（简称工研院）合署办公，相当于技术转移办公室。工研院立足于综合性研究型创新型大学特点的工业技术创新服务体系，技术转化内容围绕国家和区域工业的重大共性关键技术、先进集成技术需求，主动对接国家战略部署和地方工业发展目标。校外的创业孵化平台最早是联合杭州市余杭区政府启动的浙江大学良渚育成创业中心（2013年成立），有创业孵化基金和实体独立的创业空间。浙江大学创业服务平台由国际创新研究院、浙大网新集团、浙大教育基金会、科学技术研究院以及管理学院共同组建。该平台通过"之江创业基金""创业大讲堂""创业周""创业实验室"等，从不同角度开展实战型的创业教育与创业辅导，投资与扶持以浙江大学师生、校友为核心的初创型企业。浙江大学创新技术研究院有限公司由浙江大学控股，与杭州市工业技术研究院同为"一套班子"。创新院从事共性技术、关键技术和具有前瞻性的高新技术的引进和产品研发，并最终实现产业化，旨在孵化一批有重大影响的高技术公司及上市公司，培育高新技术产业。

　　浙江大学创业教育平台的最新改革是工程师学院和紫金众创小镇的建立。浙江大学工程师学院主要开展研究生层次工程师培养和企业工程师培训。受到省市政府支持，也称浙江工程师学院，服务地方功能显著。该平台是典型的以工程领域的产学研创新平台为基础的创业教育，融合了创业人才培养、技术研发与成果转化，与国内外高科技大型企业合作。其创业教育侧重对创客的培养，学院成立"创客"联盟，开办了创客训练营，并组织高峰论坛、创业实训、名师交流、企业参观、创业沙龙等活动。"紫金众创小镇"建设是政产学合作的结果，位于浙江大学周边，与国家级"区域双创示范基地"未来科技城等相邻，其目标是成为国际产学研协同创新的新标杆。小镇以信息经济产业为基础，着力建设三大服务平台：产业技术研发平台、众创服务平台以及创新创业学院。紫金众创小镇还在建设中，是浙江省政府的发展布局，也是浙江大学科技城的重要部分，通过产学研协同能促进创新创业活动，也对创业人才培养和大学的创业生态系统有正向影响。

4.3.4 建立创业网络

在整个创业链的最顶端，是创业投融资主体。浙江大学整合校内外创新创业教育资源，逐步完善课程、培训、大赛、实践、孵化、融资等相互衔接的创业教育体系，全面支持师生创业，从创新研发、技术转化到创业育成实现，必须构建内外部联结的创业网络，浙江大学校友是创业网络得以建立的关键。浙江大学的各个学院系部以及产业系统都各自加强校友的整合和联络，并主要通过本校的投融资机构和校友创投循环机制来实现对本校创业教育的支持（图4-1）。

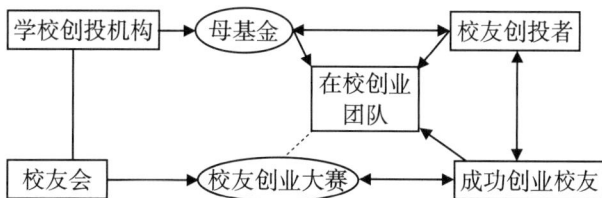

图4-1 浙江大学创投网络

　　浙江大学建有自己的基金和投融资机构，在对外提供资本增值服务的同时，对校友创业提供支持，如浙江大学圆正控股、浙江大学科技创业投资有限公司。浙江大学圆正控股在扶持校友创新创业方面的新举措包括：一是建立求是会，为在企业经营、投资、创业领域的优秀校友搭建新的资源对接平台，打造泛浙大系创新创业生态圈；二是设立浙江大学校友母基金，扶持一批优秀校友投资人、校友投资机构。通过举办校友创业大赛为创业校友和创投界校友搭建合作桥梁。

　　"浙大系"创业者在自身的发展过程中，受益于母校，也对学校创业人才培养起到了强大的推动作用。2016年杭州浙江大学校友会发布《浙江大学创业创投白皮书》，首次系统分析了浙江大学校友创业群体，印证了创业"浙大系"。[①]根据白皮书，在上市公司（曾）担任主要管理岗位的浙江大学校友共112人。其中涉及A股上市公司88家，相关人员101人；海外上市公司10家，相关人员11人。培养上市公司企业家校友人数最多的专业前五名为：机械工程学院、理学院、管理学院、化学工程与生物工程学院、电气学院。浙大系创业合伙人来自浙江大学同学、校友、老师的占比45.8%。此外，在浙大系中，连续创业的比例相当高，现有创业经历在2—3次的占47.1%，3次以上的占7.8%。连续创业者前一个项目进入失败清算程序的并不多，更多的是进一步转型。就学历而言，被统计的浙江大学创业者中，硕士学历为51.6%，37%为本科，11.3%为博士。

　　创业网络也包含大学的外部支持环境。就地域环境而言，浙江自古就有创新创业的传统，民营经济发达、创业氛围浓厚，拥有社会发展、经济

---

① 2015年3月的第三届浙江大学校友创业大赛启动仪式上形成了关于浙江和杭州的创业"新四军"表述，即浙大系、阿里系、海归系、浙商系。杭州浙江大学校友会在次年发布《浙江大学创业创投白皮书》，更深入分析了浙江大学校友创业群体。参见http: //zuaa.zju.edu.cn/aa_home/newsDetail?id=1&nid=6100

发展和区域创业文化的多重推动力,浙江大学所在的杭州市着力打造"天堂硅谷",而浙江大学能够提供独有的高端人才、研发等国内外资源,双向合作互利的模式为浙江大学的创业教育工作提供了良好的环境和基础,浙江省和杭州市的各项相关政策对浙江大学的创业教育支持力度很大,政府构成了最大的"创投机构"。

4.3.5　特点与挑战

根据创业教育的内化机制以及创业生态系统的分析方法,浙江大学的创业教育有几个明显特征。在正规的培养项目以及实践体系上,具有显著的选拔性,如ITP班的专项培养计划选拔招生。类似的项目并不多,学生的覆盖面必定不广,追求精英化培养,这也是目前高水平大学的普遍做法。创业教育的教学方法的特点是依托管理学院的MBA式案例教学以及以学生自我管理为主的项目式教学。在线的课程资源目前主要在国际创业学院,但是浙江大学学生对此的熟知度不高。创业实践和预孵化实战体系方面,浙江大学的元空间由学生协会来运营管理,不同于清华大学创客空间是由学院或学校组织管理。至于在针对工科的创业人才培养上,大致路径与清华大学相似,都是创客教育为主。

浙江大学创业教育国际化策略主要在创业研究、人才培养的交流,联合培养的项目还不够多,面也不够广,而从国际化的方向看,以走出去学习为主,引进国外学生来参加创业教育的正式项目还没有,留学生参与的形式一般为学生创业社团组织的活动。

浙江大学创业教育理念与定位较为明确,虽然是以培养创业精神和素质为基本目标,但是对创业教育的显性产出明确提出了师生创业的目标导向,对教师创业给予明文鼓励,并通过积极的产学研合作政策加以落实,浙江大学科技人员的创业在同行高校中认可度和评价表现较高，尽管仍存在不少问题。如在浙江大学工研院最新举办的全国高校科研人员创业培育和管理工作坊上，参与的同行大学都聚焦到了高校技术转移和科技成果转化如何与科技人员创业相连接的现实问题，表现为创业与教学科研的冲突，兼职创业的大学教师的利益冲突，高校以知识产权入股、持股及退出管理等。这个在美国斯坦福案例中可以看出，国外高校更易于解决该类问题。

在以校友为核心的创业关系网络上，浙江大学更是以创投为核心，不仅帮助校友创业，成为成功的创业者，还帮助校友成为创投家，形成校友创投圈。这已经意识到了对创业和创投的区分，也有利于更合理构建校友师资。有研究认为，创业导师和创投导师其实职责和作用很不同，而且很少有人可以在指导创业学生时兼备这两种素质（朱健，2015）。

4.4 案例比较分析

4.4.1 共同的要素分析

从清华大学和浙江大学的案例分析看，大学所开展的创业活动是基于创新的创业，在此前提下，创业教育目标一是符合国家创新驱动发展战略要求，二是培养创新创业人才，三是直接促发师生创业活动。对于最后一项目标，有不同的表述，有的是隐而不述，代之以培养创业精神和素质。国内大学创业教育的两大基础仍然是高水平研发和全面的创业课程和实践体系，这是第一层的要素。清华大学看重产品的研发，浙江大学侧重产学研结合需求，不排除商业模式创新的创业，但在工科同样强调创客教育。第二层是创业实践与孵化，最高层次是使创业教育普及化的创业文化和价值观的塑造。这几个层次与国外案例类似，但是侧重点、细节表现和每个层次的影响力大小不同，相互之间的作用关系也不同。表4-7对这些共同的要素及其关系进行梳理。

表4-7 国内案例的创业教育要素梳理

要素层次	要 素	表 现	作 用
基础层1 （重点核心）	高水平研发	国际合作 跨/多学科的研究 学生参与研究 有创业研究的支持 技术转移 成果转化	高端人才、技术的引入 创业研究成果应用于促进创业活动
基础层2	全面的创业课程和教学体系	符合国家和区域需求 全校性创业教育与精英选拔 实践体验与行动导向的教学 面向国际视野的课程	教育目标具体化 创业演练 激发看待问题的不同视角
第二层	创业实践与孵化	政产学研合作平台 投融资的引入 对创业活动的全面服务	促进真实的创业
第三层	创业文化与价值观塑造	政策制定，机构设立 创业融入专业的扁平化架构 丰富的学生创业社团及活动 强大的校友圈	形成创业生态

在两所大学中，全面的创业教育课程和教学体系包括选拔性的培养计划或项目方案，公开的全校性创业课程和活动组织都在不断改进教学方法，尽量学习国际先进经验。创业课程的教师主要来自商科，学校层面很

少制定对创业教育导师的激励政策，教师大多依照个人兴趣和努力来开设创业课程，其他学科教师对创业教学与指导工作兴趣不高，学科的合法性问题还未得到解决。

国内两个案例表明，大学创业教育还没有一个全校性的核心战略，但都在发挥各个院系和机构的作用来构建校内宽泛的创业网络。校外的创业关系网络都极力依托于校友圈，以及依托于政府的强大影响力和支持力。大学的创业教育计划遵循政府指导，但自己的顶层设计不足。总体上大学创业教育的组织管理结构较为类似。

4.4.2 存在的差异分析

清华大学与浙江大学的创业教育从许多的细节机制看存在不同，而所处的地域外围也决定了两者的差别，前文已部分论及。此处差异分析注重在可以相互借鉴和改进的部分，并与国外案例也做比较。

首先是看大学的研究对创业教育的推动机制。研究可以分为教师和学生两个部分，清华大学的学生研修计划设置的项目较多，学生按其兴趣和能力可以进入不同的培养计划，精英选拔和普及普惠学生两者结合；教师的研究成果推向国际的力度很大，走出国门推广创业项目并培养了解中国的全球创业人才。浙江大学注重产学研结合，以高水平科研来服务社会，其成果推广到全国各地，与海外大企业的合作也较多。不论是工学部还是社科部都有大量的知识溢出，浙江大学教师非常主动自觉地参与社会服务和产学研合作。在创业研究上，慕尼黑工业大学最为系统并且将其运用到全校的创业教育中，构建了一套官方StarTUM教学综合法，使得全校的创业教育有"法"可依。

其次，在国际化策略上，发达国家的两所大学注重多元化师资队伍，慕尼黑工业大学更是为此制定了一套国际尖端人才吸引办法。我国大学的国际化还在以人才交流、合作研发为主的阶段，通过国家人才计划吸引优秀人才回国，在文化输出和招聘国外一流学者上仍然需要努力。由此国际化对创业教育的推动体现在合作开展人才培养项目，学生与教师出国学习，培养全球视野等方面。

再次，创业教育的外围关系上，包括与政府关系、与产业界关系以及校际之间的合作关系。国内和国外的差异较大，清华大学与浙江大学也有一些不同。创业活动虽可能源于个人，但我国的创业教育实际上是自上而下推动的，总体情况是国家出台创业相关政策以后，大学去遵照执行，大学原有的一套教育教学体系比之其他院校更难改革。校际合作越来越成为大学创业教育的趋势，国外学者已经进行了研究并且在实践中有具体的项目承载（Schmidt & Molkentin，2015），而我国这方面的机构已经存在多个，具体化的项目还较少见。清华大学是2016年第一批"双创"示范高校，地处首都，在国家支持政策上力度更大，所在的海淀区作为区域"双创"示范基地，拥有一大批大学，清华大学所处的是竞争与合作共存的区域。浙江大学所处的杭州湾区域经济发达，但独有这一所高水平研究型大学，很多资源集中于此，缺乏地区竞争，在创业教育的校际合作上相对不容易。省内强烈的创业文化和传统是创业教育先天的土壤。其多元合作的创业生态系统主要依靠于地方政府、企业、投融资机构和中介，学生在其中潜移默化具有了创业意识。与国外案例相比，我国大学的创业教育外围较为缺乏一套迅速转化成果和技术产业化的制度。

从1999年以来，重要的政策文件显示出我国大学创业教育的变迁，创业教育的显性目标在一步步转变：注重就业，涉及创业—以创业带动就业—创业与创新目标相结合。清华大学和浙江大学的创业教育理念、体制机制、项目课程、外围建构等具有鲜明特色。从创业教育体系的核心要素分析看，清华大学创业教育通过相对松散的"多点"努力来致力于达到学术型、专业型人才相互促进，专业和创业互相融合，运行过程中有明显的学生分类培养机制。浙江大学创业教育的要素主要从教育目标、课程教学、管理、平台等进行分析，具有典型的多层平台协同机制，显著的特点是：师生创业的目标导向；核心的创业教育项目精细化；产学研合作始终贯穿着创业教育；创业研究与创业教育研究作为重要支撑；利用区域创业资源与全球视野的国际融合。

从国内案例分析看，大学所开展的创业活动是基于创新的创业，创业教育目标可具体化为三个：一是符合国家创新驱动发展战略要求，二是培养创新创业人才，三是直接促发师生创业活动。国内大学创业教育的两大基础仍然是高水平研发和全面的创业课程和实践体系，这是第一层要素。第二层是创业实践与孵化，最高层次是创业文化和价值观的塑造。这几个层次与国外案例类似，但是侧重点、细节表现和每个层次的影响力大小不同，相互之间的作用关系也不同。清华大学与浙江大学的创业教育细节机制存在不同，而所处的地域外围也决定了两者的差别。本章差异分析注重在可以相互借鉴和改进的部分，主要针对大学的研究对创业教育的推动作用、创业教育国际化策略、创业教育的外围关系处理三个方面，并与国外案例也做比较。

5

大学创业教育的关键要素分析

通过前两章国内外的案例研究，初步得出构成大学创业教育体系的要素有三个层次。本章首先基于质性研究，改进了前面的要素框架；其次，通过问卷统计分析方法，对创业教育的要素进行验证；最后归纳出大学创业教育的关键要素。本研究采用了递进式的混合研究设计，第一阶段进行小规模质性调查，为后期问卷调查研究奠定基础，在问卷完成基本分析的基础上，还开展了回访，为量化研究的结论提供解释。

5.1 提出关键要素分析的框架

5.1.1 基于案例的要素框架

创业教育要素的概念框架，一方面来自以往研究者经常使用的概念术语，另一方面也来自对案例实践的深入考察，发展出新的解释框架和理论。四个案例中显示的许多原始要素经过分类和对比，形成了二级聚焦要素，二级聚焦要素再经过关系组合后，形成了三个层次的要素，如表5-1所示。

表5-1 基于案例的要素框架

要素层次	要素	四校共同聚焦要素	差异性要素		
			斯坦福 慕尼黑工大	清华 浙大	
基础层1	高水平研发	跨/多学科的研究 学生参与研究 产学研合作	多元化、国际化的教师团队	国际合作开展研究
	创业研究	有创业研究的支持	与创业教学结合紧密	与创业教学结合较少
基础层2	系统化的创业课程和实践体系	全校性创业教育与精英选拔 实践体验与行动导向的教学 面向国际视野的课程	解决全球社会挑战问题的创业教育理念	强调符合国家和区域需求
第二层	高效的技术转化与衍生流程	投融资的引入 对创业活动的全面服务	应用导向的科技成果管理 教师作为创业大使	创业实践与孵化 政产学研合作平台
第三层	创业文化与价值观塑造	组织机构和政策 丰富的学生创业社团及活动 强大的校友圈	全校性的战略核心或组织架构 自由宽容的氛围	国家政策推动创业融入专业的扁平化架构

　　基础层次的要素包括研究和教育教学两大类。因为两者是大学的最基本职能和合法性前提。第二层次的要素概括为高效的技术转化与衍生流程，在国内的本土概念中，通常为"科技成果转化"，在创业教育实践上以"创业实践和孵化"来代替技术转移与衍生流程。第二层次的要素主要是推动真实的师生创业活动。第三层次为创业文化与价值观的塑造，国外两个案例显示整体上从顶层设计到基层自发两个方向来营造创业生态和创

业文化，具有渗透性和引领性。在创业教育体系已经成熟的斯坦福大学
（李萌，2011），这一点作为基础功能，反作用于其他层级的要素，而在创
业教育仍处于转型推进阶段的大学来说，该要素的引领作用还不能潜移默
化进行，还需要其他层级的要素来推进，产生相互的影响。如图5-1所
示，前者是成熟阶段的创业教育要素关系，后者是转型期的创业教育
要素关系。

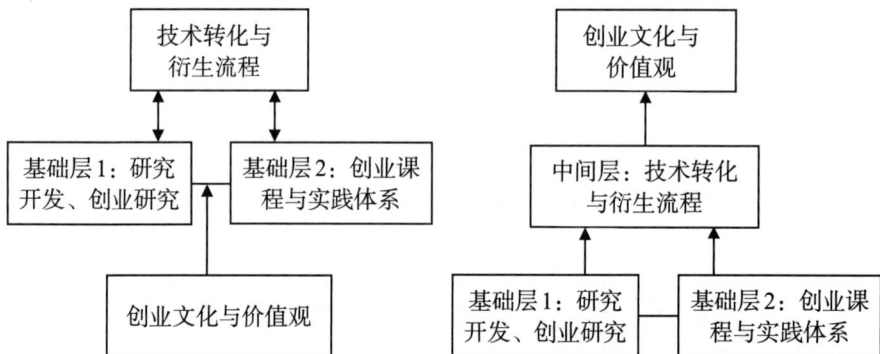

图5-1　基于案例的创业教育要素间两种关系框架

国内外四所大学案例分析发现，创业教育体系具有共同的要素，但需
要注意差异性要素。基础层次上，国外大学创业研究要素的作用是将其研
究成果应用于教学和创业活动两个方面。国内则主要应用于创业学科发
展，另外也用于促进创业活动，但对于更大范围的整体教育教学的影响较
小。清华大学和浙江大学案例都显示了国际合作开展研究这一要素其主要
作用是高端人才、技术的引入，侧重研究合作、科技开发合作、人才交
流。面向国际视野的课程国内大学相对较少，共同目的都是激发学生看待
问题的不同视角。国内以"师资请进来，学生走出去"的流动方向为主。
这与全球大学所处的"中心"和"边缘"地位相关。国外的全球视野培养
深度和要求都高于国内大学。不过国际化策略在国内越来越受到重视，国

际化战略归根结底是对优秀人才的吸引力的竞争。我国大学创业课程和实践体系还处于全面但尚未系统化的阶段，课程已经全校铺开，系统性和深度还有待提高，需要精细化教学组织形式和方法。培养计划和课程教学体系上，我国大学教育目标体现出国家主义特征，教育目标具体化为为国家培养需要的"螺丝钉"。国外大学教育目标具体化到要解决全球社会挑战性问题。实践体验与行动导向的教学要素的作用是增加学生的创业演练机会，而非真的创业准备。第二层次上的政产学研合作平台要素的作用是推进真实的创业，与国外的应用成果转化和衍生流程相对应，但是我国政府的直接作用非常明显。在技术转移和衍生流程中，国外重视的是有效的成果管理而国内注重的是教育的功用。教师在创业服务中发挥的作用也有所不同。第三层次上创业文化与价值观塑造这一构建的理论要素，其作用在于创业生态系统的营造，与国外相比，顶层设计功能并未在这里体现，顶层设计是自上而下的战略规划和组织架构，目前阶段我国大学还未有明确提出把创业教育提到战略高度的案例。

5.1.2　基于质性研究改进要素框架

5.1.2.1　资料分析方法

要提炼出大学创业教育的关键要素，还要分析教育主体教师与学生的看法。学生调查对象主要是实际创业的在校生和毕业生，以及未创业但接触过创业教育的学生，他们对大学开展创业教育的评价能够反映出其需求。在专家访谈中，一些专家认为高校人才培养效果的评价与反馈非常重要。大学应对所培养毕业生进行持久的跟踪调查，搜集其对大学的创业教育目标、实施措施等的评价信息与要求，反馈到教育现状。但这方面的文献和已有数据较少，与规模大、追踪成本高有关，一些社会机构如麦可思等有些公开发布的大数据。

本研究尽力对调查对象的选择做到能够反映大学现行创业教育的项目、课程、实践、服务等情况。寻找访谈对象时基于目的性和便利性原则，抽样既考虑到了同质性，也考虑到了对比的需要。学生目标对象需要符合参加过创业活动或受过创业训练，创业教育对其产生一定影响的基本标准；教师对象则是具有创业教育教学活动经历，或从事过学生的创业指导的。研究者访问了北京、上海、浙江三省市部分国内"985"高校，选取了浙江大学、上海交通大学、华东师范大学、北京大学、清华大学、北京理工大学、北京航空航天大学等专家、一线教师、学生做访谈调查，对15位教师和16位学生（包括毕业生）进行了访谈，其中专任教师7人（学科主要为工科、商科、教育研究等），管理岗人员8人（有的是兼任教学工作），每位教师和学生的访谈在一个小时左右。访谈内容包括大学创业教育的理念定位、教师个人对创业教育的参与情况、对本校开展的创业教育的评价、自我开展创业教育工作的动机和过程中遇到的问题等，以及学生创业活动开展情况、个人动机、成功与失败经历、对创业教育教学的评价等。根据事实性描述，再抽取背后的原因、价值判断等影响创业教育运行机制的因素。

访谈材料的分析围绕的第一个问题是"哪些因素构成大学创业教育运行过程中的关键要素"，在被访者的表述中，只要涉及能够表述创业教育现状与效果的信息都被编入要素代码中。这些因素在不同的研究理论下有的是因变量，有的是自变量，因为教育问题的复杂性，同一个因素有时发生转换。在本研究中，首先需要确定这些是构成创业教育的要素。

对访谈资料依据质的研究方法，运用Nvivo11软件对资料进行三步编码分析，并提取一些"本土概念"，先"抛开"原先的理论框架（包括前人研究得出的框架和研究者本人预设的框架），找出原始资料呈现的理论。关于要素提取部分，总共产生开放式编码308个，第二次关联式编码（聚焦编码）产生118个，再次做概念、类属整合式编码两次，分别产生27个和8个编码，如表5-2所示。因为样本充分，可以判断经整合编码后已经达到理论饱和，不再进行理论抽样和选择性编码。

最终生成了创业教育目的、创业教育内容、创业教育教学方法、创业教育组织策略、创业教育受众（大学生）、创业教育主体教师、外部支持条件和创业教育结果评价八个方面的要素。八大要素及其关联性编码要素之间都存在相互关系，但编码语言突出了背后的重点含义。

5.1.2.2 对关键要素的详解

（1）创业教育目的层次的要素

创业教育目的要素是受到每个教师和学生关注的问题，并且表述相当丰富，显示了多样性的意见，无疑是创业教育中的关键要素。该层分为创业本质的认识、培养目标、创业目标、强调创业优势四个子要素。其中，前两个受到最广泛的关注，表述相对集中，尽管存在差异，教师和学生对此可谓持有共同的看法。

关于创业的本质，教师和学生都认为创业是小部分人感兴趣以及应该做的事情。这是对精英创业、机会型创业、技术创业的定位，此定位显然排除了许多人文社科类学生创业的可能性，而来自非工科的学生认为，踏实从小型项目的创业起步，亦是值得肯定的。

表5-2　基于访谈资料生成的大学创业教育要素框架

关联式编码		整合式编码	
创业成功的标准很多	创业与创新的关系	创业本质的认识	创业教育目的
创业风险的认知	踏实起步的创业机会		
创业是机遇推动的	提倡广义的创业		
创业是新的职业公平	创业是小众的事情		
对企业存活问题不能掉以轻心	通过我们的技术提升整个行业	创业目标	
改变社会生活	为了实现理想和挑战人生		
改变世界	为社会做了多少贡献怎么衡量		
成为各领域的精英人才	具有良好的创业心态	培养目标	
创新创业思维得到训练	普遍的创业精神		
创业行动意愿的改变	全面的创业能力		
创业意识培养	一部分人创业		
国际视野的优势	技术、专业优势	强调创业优势	
国内外创业模式不同			
本科生没有进入真正的研究阶段	学生不容易掌握技术	产品、技术的研发	创业教育内容
如何组建创业团队	团队中营销才能欠缺	创业相关核心技能的培养	
创业基础课程	创业的广泛知识		
创业实践课程	专门的培养方案		
政策的理解与需求			
不同年级阶段的学生间的影响	自我的主动学习与实践	鼓励自学的氛围	创业教育教学方法
参加创业大赛	举办与参与社团活动	理论与实践结合	
讲座沙龙研讨会	实习		
案例教学、项目教学	网络课程	现代化的教学方法	
不同学科交叉	课程的开放性	信息交流与开放	
各平台间的交流			

128

续　表

关联式编码		整合式编码	
科技园的作用	校内预孵化平台	创业实践活动的载体	创业教育组织策略
学生组织			
大学主动性	多学科交流	创业文化的营造	
教师需保持清醒与冷静	圈子的建立与开放		
建立归属感	校内的创业服务		
榜样的带动	自由宽容的氛围很重要		
本专业的创业课	学科专业分得比较细	创业专业融合	
创业与学业的关系	本专业课程		
辅修计划	转专业学习	分层分类培养	
创业教育机构功能变化	创业教育主管部门	建立统一协调的机构	
资金场地等投入	弹性学制	学校内部管理机制	
考评机制要改革	学生的鼓励措施		
大学地位与资源	学科地位之别	研究型大学特点	
注重研究			
不太关心社会问题	个人智力因素都很好	创业相关的学生特点	大学生
创业原生热情	名校生眼高手低		
大学生资源欠缺	世界眼光缺乏		
兴趣	自找出路	学生的创业动机	
尝试	择业就业观		
入学时的想法	学生家庭背景		
未来设想	学生自我需求的认知逐步清晰		
创业师资培训工作很重要			教师
创业企业中技术参与	带领学生组成创业团队	本校教师在创业企业中的角色	
创业班教学是额外工作量	教师动力	本校教师在教学中的角色	
创业研究			
创投导师	企业家导师	校外优秀教师资源	
校友指导的作用			
个性化指导较少	跟老师做项目	师生关系	
跟老师创业	师生交流比授课重要		

续　表

关联式编码		整合式编码	
得益于浙江的创业环境	学生注重地区的创业优势与机遇	地区环境	外部支持条件
教师认为地区政策跟进太快			
国家的经济转型要求	整体上创业类型改变	总体外部环境	
"双创"提出后的影响	政府需要降低创业成本		
创业服务整体还需提升			
国际合作培养	校际交流与合作少	形成外部资源	
投融资的引入			
国家的技术创新需求	推动应用研究、技术转移	政产学合作关系	
国家政策规定			
实际创业率	辐射作用		创业教育结果评价
创业能促进就业	课程评价		
大学间横向比较	自我成长		

　　创业目标的各种表述可以构成一个不同层次阶段的连续体：企业存活——提升整个行业——为国家经济做出贡献——改变社会生活——实现理想和人生挑战——改变世界。从理论编码看，大学的创业人才培养目标有两类：一是做好知识贮备为学生将来的发展服务，知识包括广义的意识、精神、心态，也有中间的思维、能力、意愿，另外一个直指显性的精英人才和一部分创业者。前者带来的争议是教育哲学上的经典命题：教育究竟是生活的准备，还是生活本身（约翰·杜威，2001）。后者反映出创业教育目标最终是为了大多数学生还是少部分学生的问题。"成为各领域的精英人才"是教师受访者经常表达的，教师面向的是全体的学生，更希望以精英人才培养来实现全体学生成才的目的；而"思维得到训练、能力得到改变"是学生受访者最经常表达的，更为切实地评估自身今后的社会经济地位，也反映出学生不希望以"创业者"局限住自身的发展。教育者

和受教育者对创业教育有不同的期待，从谁的目标、长远/现实、普适/特指这几个层面看教育目的，本研究提出创业教育目的的核心应该是培养创业思维，创业思维既能联结抽象的精神、意识、心态端，又能联结起能力和行动的表现端。

最后一项特别强调大学创业者应该发现和发挥独特的创业优势。如访谈中创业者表述"如果不是依托XX大学，我们根本办不下去或很难办下去""在XX大学获得了人脉和技术资源，这是最关键的"。高水平大学的一个特殊优势是国际视野优势，尤其体现在海归创业上，不过海归的这一点优势被认为渐趋淡化，理论和实践都能发现，国际视野是当前各大学着力打造的，不论教师和学生都拥有许多国际交流的机会，国际化策略将更注重带给学生的实际意义。

（2）创业教育内容层次的要素

该层次包括产品、技术的研发、创业相关核心技能的培养，普遍的创业基础/实践课程、专门的培养方案，创业的广泛知识和政策的理解与需求。这些要素通过编码得出，达到理论饱和。每个大学都是以项目、课程，以及不同类型知识来体现创业教育的内容，内容与方法紧密结合。广泛的创业知识要素，是访谈中表达较多的，大学学生和教师都没有功利地看待知识，对通识教育有普遍的赞同，并且认识到"无用知识"的有用性。

值得注意的是产品、技术的研发子要素对本科生和研究生创业教育的区别，研究生比本科生离掌握技术更近，进而被认为离创业更近。这意味着在教育上，应该加强本科生参与研究，在四所案例学校中，皆体现了这点。创业相关核心技能的培养子要素，是在技术之外的要素，尤其以创业团队缺乏市场推广能力为主，有技术创业者认为自身"太实在，不屑于做吹嘘忽悠的那套营销"，但同时"理工科思维不懂变通"，由此找不到合适的营销人才。从这两个子要素的分析可以发现，技术创业过程包含至少两个阶段，一是技术研发，二是技术推广应用，只强调前者对于创业的促进其实远远不够，后者要求走得更远，学校、社会都要在环境上给予改造。这涉及与创业教育的方法、策略要素、外部支持要素相结合。

在政策的理解与需求上，受访学生和创业者对此了解不多，并表示需求较少。各级政策包括国家层面、地区层面、学校层面、孵化机构层面，理解程度多仅止于"听说过"而已。政府政策作为专门知识，教师或学校会请相关政策部门人士给学生讲解，不过对创业教育而言，仍不是关键要素。在校大学生更加注重从各个渠道申请获得资金支持，尤其是政府主导的支持政策，但是了解程度并不普遍。在校学生还未处于实战阶段的话，考虑到政策未来的变动性，离自己较远，当真正需要的时候才会加以关心。已创业者对政策会有一定了解，也会获得一些补贴支持，但并不作为重点。所以政策支持的重点在于精细化外围服务，建立起更高效的中介机构和市场规则，而非直接选拔创业项目。

普遍的创业基础课程是指在低年级接受的创业教育课程，通常以选修课形式出现，学生对此的评价是"通识课程都差不多，了解一点流程，知道了未来就业离自己并不遥远"。实践课程是指在有兴趣创业的学生中，通过开展系列讲座、研讨、训练等方式进行的课程。专门的培养方案则是如创业班、创业学院、创业中心开展的针对特定学生群体的系列课程，在学生和老师看来，目的是给予学生创业思维训练、创业能力锻炼。

（3）创业教育教学方法的要素

该层次包括鼓励自学的氛围、理论与实践结合、现代化的教学方法、信息交流与开放四个子要素。鼓励自学的氛围涉及"创业是否可教"的问题，本质上是说创业教育必须经过个人体验才能内化到学生的头脑和行动当中。本研究的理论基础——创业教育过程的内化机制，已经表明了内化过程就是个体原先的状态（个性、知识能力状况）转化到一个新的创业型人格的状态。学生表述中相当多的是自我的主动学习与实践，教师也非常赞同在创业教育中推行教学相长、高年级带低年级、混合班级（本科生、研究生、校友的混合）等有利于自学的方式。不过"自学最大的弱势是知识不成体系，需要灵光一闪的时候没有灵光一闪"，不能带来有效的启迪。

理论与实践的结合子要素强调的是各类正式课堂教学之外的学习和实践非常重要。不过创业实践课程并不能普及到所有有兴趣的学生，参加创业大赛需要一定的高阶条件，很多学生并不具备。举办与参与社团活动能达到能力锻炼、人脉、资源整合的目的，学生主动组织活动和参与活动两者之间的差别很大，仅仅参与带来的是有限的锻炼，作为组织者才能获得非常重要的领导力的练习。

实习的好处为每个学生所认可，尤其是本科毕业即将工作的高年级同学认为，"去企业当见习经理一个月，终于把所有知识串起来了""以前在学校所学的过于碎片化，看上去管理、人力资源等各方面都懂，但实际上没有实践不成体系""有学生选修了创业课程，看似成体系，但是最终理解却要经过实践"。有工科学生认为，"到企业实习倒是可以提前开展，更早学会沟通"。但是也有研究生认为，职场目标并没那么重要，学生还是应该做好本职学习和研究工作。

改进教学方法子要素其实是指区别于一般传统的课堂讲授法而出现的案例教学、项目教学、网络课程等手段。信息交流与开放主要强调的是教学中面向的受益对象更为广泛，不同学科背景的学生和老师相互交流，不同年龄层次和来自不同行业的人员参与到教与学的过程中。

（4）创业教育组织策略的要素

该层次涉及的代码最多，形成的7个子要素包括创业实践活动的载体、建立统一协调的机构、学校内部管理机制、大学的特点、创业文化的营造、创业专业融合、分层分类培养，以下分别加以论述。

创业实践活动的载体子要素和建立统一协调的机构子要素分别强调创业活动开展主体与学校创业教育管理主体，侧重点不同。所有大学都建立了载体，但是不一定建立统一协调的机构。作为访谈中反复被提及的各个校内主管部门，包括学工部门、教务部门、特殊院系，需要一定的协调机制。学校内部管理机制子要素，强调的是创业教育开展的制度建设、资金场地等投入。其中，教师的考评制度涉及创业教学工作的动力和障碍问题，最受争议并难以一步解决。

大学特点子要素在组织策略中只作为背景要素，通过访谈发现，因为大学各自的地位与资源不同，有些组织策略可以达到效果，有些却不能。学科地位之别是大学以学科为基本组成的必然反映，有些院系是弱势院系，有些学科力量较弱，对创业教育产生了一些影响，但不是重要因素；注重本学科研究，则有削弱创业教学的风险，因为与创业教学无关便得不到重视。离应用越远的学科，往往离创业教育越远。

创业文化的营造包括大学、教师、学生多方的整体作用发挥。历史上，大学的创业教育自下而上开展了一些早于教育部等行政主管部门的相关活动，但现在的情况是主动性降低，"学校看政府怎么要求，然后采取做法应对"的情况居多。对于与教师相关的部分而言，有教师认为目前创业热潮下，"教师需保持清醒与冷静"，多学科交流、校内的创业服务在创业文化建立中仍然是重要的。学生群体中创业文化的营造有赖于圈子的建立与开放、建立归属感、榜样的带动。教师和学生当中都存在"圈子"，主要是通过学科、班级、空间、年级、乡缘等构成，一旦形成，就不容易突破。对于创业教育而言，实践是最重要的教育手段，必须形成团队，教师有学科圈为基础，学生有"技术发烧友"圈子，在熟悉的圈子里，技术问题和专业问题很容易找到帮助的人，但是遇到创业过程的其他问题，如市场推广、法律咨询等，就会很难找到合适的伙伴来解决。大学可以通过细致的创业服务避免圈子带来的不良影响。自由宽容的氛围对于研究和创业行为同等重要（Kwong等，2012），并且这个影响是整体性的，我国大学还需不断改进创业文化的营造。

创业专业融合与分层分类培养有异曲同工的作用，但是两者表述重点不同。创业与专业融合被视为现今创业教育的主流理念，专业教育是高等教育一直以来的传统，而且今后也很难打破，人才培养必须有一定的专业方向。创业与专业融合子要素主要表现在本专业开设创业课，专业课程中融入创业的理论或是实践元素，处理好学生创业活动与学业的关系等。专业课程与创业课程都在面临不断改进和变革的挑战。调研发现，大学中学生对自己的专业或多或少是满意的，专业承诺度较高，但仍需要转专业或跨专业学习的机会，我国"学科专业分得比较细""一进专业定终身"的弊端已经显露。创业教育通过辅修计划、集中培养项目等可以达到分层分类培养的效果，降低创业与专业融合过程的矛盾，培养项目也具有预孵化平台功能。如学生认为"参加创业班的好处是在你大学的时候给你创业的尝试条件，更深远的好处是给你一个持续受影响的环境和人脉"。集中培养项目还包括学生研究兴趣小组计划、创业训练计划等。分层分类培养与创业专业融合不同，分层分类可以形成多个学生可参与的兴趣圈子，可以打破原来的专业班级重新组合学生群体，创业专业融合是在不改变专业教育的前提下，把创业因素融合进去。创业与专业融合是手段而非目的，创业专业融合并不一定能达到因材施教的目的，从当前情况来看，许多专业并不那么容易也"不愿意"与创业相结合。

调查发现，创业与专业的融合关系问题是创业教育专家和管理者关注的焦点。不论何种教育举措，都是为了能够因材施教，使学生得到最大化的成长。创业教育能提升创业意向与所学专业的匹配程度。很多教育专家与大学领导层都认为高校创业教育要突出教育属性，在专业教育中融入企业家精神教育，这种精神对于从事任何行业的人才发展乃至激发全社会活力都至关重要；另外，要把创业教育作为学校人才培养改革的突破口，通过给予学生更多的选择权激发学生的学习热情和发展潜力，同时也调动广大教师的积极性和创造力。前者多少还带着维持传统教育体制的保守性，而后者则是试图改良传统。

（5）教育主体层次的要素

① 教师要素

教师参与创业教学工作主要根据自己的意愿和兴趣，与评职称考核的要求无关，有的时候做管理兼教学的老师"吃亏"程度更高，因为工作更忙，耽误了研究与论文发表工作，而创业教学管理对其没有直接的利害关系。很多大学的教师参与创业教学是出于"情怀"，所以找到这样的教师虽不困难，但是并非长久之计。创业教学往往是跨学科交叉的，如果在一个平台上，不同的教师会觉得创业教育教学有意义，能够提供认识不同人的渠道，资源、知识都得到了拓展。如果没有一定的多学科工作平台，教师间交流就非常困难，创业教育可以提供更多这样的平台。

从事创业研究的主要是商学院的教师，他们强调学科方向，如果建有创业学院，则也有一些创业研究，这时候才能将研究与教学相结合，但也多局限在个人层面，不能形成可以运用在全校的创业教育教学中的成果。教师们最为统一的认知是关于创业教育的定位——基于创新，但是如何做到基于创新，没有一般化的普遍方法。一线教师对创业教学的个人理解并没有上升为教学法。师生关系子要素中，交流比授课重要，但是很多学生与教师交流不足，个别辅导少。目前教师普遍反映学生消极互动，"我不找学生，学生肯定不会来找我"，需要提高学生的主动性。

创业指导教师兼具教学能力和创业经历是极其难得的，能够从事创业活动的教师鲜见能够进行创业教育教学。外部师资有两个问题：一是请人难，"创业者很难说是为了情怀来上课，一次两次可以，长久不行"；二是教学能力不足，"交流分享是可以的，能否上好课是需要担心的"。本校教师存在的两个问题则在于：一是更擅长对学生进行科研指导，二是教师的创业活动还未完全发挥教育功能。

②大学生要素

关于大学生的特点，调查包括外界企业人士的看法和学生自我的看法。与创业型人格（Kets de Vries，1977）相关的正向特征是"敢于冒险、个人技术能力不错、自信、积极"，负向特征是"浮躁冲动、欠缺实战经历（社会知识和商业知识少）、不关注公共事务、多元性不足、同质化发展"。大学生天然存在"资源欠缺"的短板，创业教育内容中需要加入挖掘创业资源优势（林嵩，2007）的课程，大学本身是带有某些资源优势的。

大学生的创业动机一般来自兴趣，也有出于寻找出路的原因，而大学在校生中则多是出于创业尝试的好奇心和热情，学生的自发创业活动早于学校的主动性，更早于国家的政策出台，所以实质上中国人不缺创业精神，问题是如何释放创业精神，并把它转为创业和科技创新。择业就业观影响着动机，Herzberg的双因素理论提出了工作的"保健因素"和"激励因素"的区分。创业是一种结果不确定性很强的行为，未必"一分付出一分收获"。大学的毕业生有着比较大的职业选择空间，即使不选择创业，他们的就业岗位和就业薪酬基本能满足他们"保健因素"的需要。因此，在大学生群体中，只有把创业作为"激励因素"来考虑的创业者，才会对创业是不是符合自己职业发展需要这个问题想得更透彻，在创业的道路上走得更远。

中国父母对子女期望较高，对文凭追求热切。学生对于求学尤其是继续深造有理性的考虑，不同于高考时的懵懂，这时更希望通过优势学位"混得金字招牌"。高水平大学学生以民主式家庭教育为主，大多数学生具有自主性，来自城市的学生居多，近期设想中，出国留学、进入大企业大单位工作成为多数人的选择。学生对自我需求的认知是逐步清晰的过程，一开始学生不知道自己需要什么知识，课程和培养方案都是学校给予的，自我的理想往往在有了工作经历之后才能确立。只有基于实践和行动体验的创业教育才能显著影响学生的创业意向，使学生了解自身对大学教育的需求，才会降低学生创业中的盲目和非理性因素。

（6）外部支持条件要素

大学创业教育依托于外部支持条件，包括地区环境、总体外部环境、形成外部资源和政产学合作关系四个子要素。地区环境是大学所在地区的特别环境，我国大学大多处于经济发达的城市，在国外创业教育成熟的大学与周边地区都建有高度紧密的共生联系。调研中有观点认为，大学创业教育的成功主要依靠外部创业氛围，这个观点背后说明大学创业教育的主动性不够，虽然已经有许多的努力，但是还没有与其应有的实力相匹配。学生调查中对地区环境持认可态度居多，教师则对一些地区政策跟进（中央政策）过快感到担忧。

总体环境上，我国政府提出创新驱动战略和经济转型要求，对大学创业教育是有利的，大学生创业已经逐步摆脱生存型创业的困境，出现主动创业、高质量创业的趋势。"大众创业、万众创新"政策提出后，推动了大学生的创业热情，但同时教育界担心"过热"的问题，影响学生的"静心求学"；另外，总体的创业环境包括创业成本和创业服务体系都长期存在问题，有创业者认为"当今的创业压力已经远高于过去"，"科技小微企业的研发风险很大"，"依托大学是很好，但是并不容易"。这些是大学面对的新的复杂环境背景，需要其对创业教育合理定位。大学对外部环境不是简单适应，仍需付诸举措形成自己的外部资源，通过校级合作、国际合作、政产学合作吸纳创业教育的资源。在最为受关注的政产学合作要素上，创业教育需在满足国家技术创新需求、推动应用研究、技术转移上重点采取措施。根据调查，产学合作有时候对大学老师并没有很大吸引力，政府与大学的合作反而简单。国家的政策规定"对于大学影响很大"，有专家表示国家教育行政部门对大学创业教育的一些"过细"和"一刀切"的规定并不合理，普遍性的政策结果是"（大学创业教育）整体差不多，组织上方法上在教育部那里都有规定"。大学只有在自主办学下才能让创业教育改革见到实效。

（7）创业教育结果评价层次的要素

该层次要素根据受访者表述，对案例的要素框架有所补充。结果要素与创业教育目标要素有所对应，但又有区别，主要包括实际创业率、辐射作用、创业能促进就业、课程评价、大学间横向比较、自我成长。关于创业率，大多数受访者的表述反映了学生创业的人数比例很低，创业存活率不高，且不应作为教育评价的指标。创业促进就业指的是学生参与的创业训练和实践活动不论最后成功与否，都能帮助学生更好地进入职业生涯。就业与创业构成一对微妙的关系，对个体而言，就业和创业是完全不同的工作生涯路径，但可转换，宏观上也不是此消彼长的关系，创业能创造就业岗位，但也并非创业越多就业越好，访谈中有学者认为创业活跃的国家是经济不好的国家，就业形势好的国家创业率不高。《全球创业观察2015—2016》报告显示，要素驱动、效率驱动和创新驱动这三种经济体中，创新驱动经济体的人民创业意愿更低。说明创业与就业并不矛盾，两者自适应于经济发展的需求，创业与就业的教育应是融合的教育。大学创业教育的结果评价既然不能落到可见的创业率和就业率上，则可以通过学生对学校创业教育的满意度评价和自我状态（创业自我感知、实际行为、就业能力感知）改变的程度来考察。

辐射作用主要表述的是大学创业教育对地区和国家经济的推动作用，但是这一点不在学生问卷调查中作为指标加以验证。学生对创业课程的评价在专门的训练课中效果较好，其他通选课被认为只有很少效果，少数学生仅为了"混学分"。广义上的创业教育经历对学生的自我成长被认为是很有意义的。各大学会与国内外的同类学校自觉对比参照，看其创业教育是否有效。本研究从该层次要素提取了一部分指标作为问卷调查的内容。

5.2 对创业教育关键要素的验证

5.2.1 数据获取

问卷调查内容以文献、案例和访谈材料分析制定的要素概念框架为基础，将案例共同的三层要素和访谈改进的理论要素框架细分为具体指标（表5–3），问卷设计分为四大部分：一是学生个体背景（性别、学校、年级、学科领域、创业教育接受情况、创业实践情况，创业教育关注度作为验证性指标）；二是创业教育目的的描述；三是创业教育过程要素实施情况，核心是创业教育教学要素（包括创业教育内容、方法、组织策略、师资），根据学生感受到的"重要程度"和"满意程度"五级量表进行评价；四是创业教育结果评价要素（主要针对学生自我成长）。预问卷调查发放纸质70份，经过调整后形成最终问卷正式发放。调查对象选取为大学接受过创业教育的学生受众包括在校生、毕业生、研究生等。尤其重视对大学开展的创业教育项目或创业园、创业孵化基地中的学生进行问卷调查。本研究通过网上问卷（300份）和纸质形式（230份）共发放问卷530份，网上回收问卷253份，纸质问卷回收212份，剔除题项大部分空缺、答案没有差异等无效问卷后（网上34份，纸质12份），得到有效问卷419份，其中网上有效问卷219份，纸质有效问卷200份。

表5-3　问卷调查中目的与过程要素题项分布

要素模块	代 码	题 项	说 明
创业教育目的	A1	培养创业意识与创业精神	各题项是在案例与访谈中提出的，有的如满足学分要求仅有个别学生提及，题项还参照了已有文献（Norbert, 2009, 2017；Oosterbeek, 2008；Pittaway, 2007, 2013；Rideout & Gray, 2013；Roberts, 2013；Shah, 2014；Smith, 2015；Andrea, 2007；Lans, 2013；Todorovic, 2008等）。
	A2	培养创新思维和能力	
	A3	学会创业知识	
	A4	培养实际上的自主创业者	
	A5	培养精英人才	
	A6	转变就业观念，拓宽就业渠道	
	A7	紧跟政策环境和社会潮流	
	A8	满足学分要求	
创业教育内容	B1	创业心理品质和意识培养	教育内容与课程教学模块有较高相关性，内容可以在不同教学形式下开展。创业网络课程在案例中体现，但在访谈中师生提及较少。
	B2	创业相关知识的教学	
	B3	政府创业扶持政策的解读	
	B4	创业核心技能的培养	
	B5	获取校外实践经验	
课程教学的形式与方法	C1	创业公共课和基础课	
	C2	创业讲座、沙龙、研讨会	
	C3	进入创业班级、创业学院等学习	
	C4	创业网络课程	
	C5	参加创业竞赛	
	C6	创业社团活动	

续　表

要素模块	代码	题　项	说　明
教师队伍	D1	企业家导师	教师要素其实包括了师生关系、学生在教学中的作用、校外教师的作用。访谈发现，创业教育教学不再是单一的教师对学生的关系，而是复杂的教学关系，团队教学具有不一样的作用，所以加入D6指标。
	D2	具有创业经历的指导教师	
	D3	初创阶段校友创业者的指导	
	D4	有创业经验的高年级在校生的指导	
	D5	同伴之间相互交流学习	
	D6	加入或组建创业团队	
	D7	教师的创业研究	
创业教育的组织与管理	E1	创业学生选拔机制	该模块题项包含了学校内部的组织与管理，以及外部的条件利用。根据案例和访谈所得的重要相关指标或具有不用争议的指标列入这一模块。如国际合作、校际合作在案例中有重要体现，但在访谈中却较少体现。
	E2	弹性学制和学分替代	
	E3	跨学科跨专业学习	
	E4	与专业结合的创业教育	
	E5	创业教育的校际合作	
	E6	创业教育的国际合作	
	E7	包容性的校园创业文化	
	E8	申请入驻创业孵化基地	
	E9	学校对学生创业活动的激励政策	
	E10	学校对教师创业活动的激励政策	
	E11	建立统一协调创业教育的机构	
	E12	科技成果快速转化的途径	
	E13	大学引入天使基金、风投等	
	E14	创业教育场地、设备、经费等投入	

　　运用SPSS20.0软件，围绕着提取大学创业教育关键要素这一问题，对回收的有效数据进行统计分析：首先，对受调查对象的基本信息（身份信息、创业教育背景、创业活动情况、创业教育关注度等）以及要素的重要程度进行描述性统计分析；其次，对问卷信度进行检验，进行因子分析，提取创业教育关键要素；最后，比较各要素的重要程度、满意程度差异性，旨在发现那些被认为重要但实施过程中不满意的关键要素，为运行机制的政策建议提供依据。

5.2.2 描述统计

5.2.2.1 样本的分布特征

问卷统计结果显示，样本中男生222人（53%），女生197人（47%），大一、大二110人（占26.5%），高年级本科生和本科毕业生127人（30.3%），研究生及毕业生178人（42.5%），总体毕业生47人（毕业生的问卷调查较难有针对性）。回收的院校分布以"985"高校为主（占87.8%），其他为"211"重点大学。调查样本所在学科是：理工181人，文史哲71人，其他社科44人，艺术体育10人，农医53人，商科58人。按照学科与市场应用的关系大致归为更接近创业的理工学科181份，商科等应用学科121份，文史哲和其他社科115份，以便后续进一步地根据学科、年级进行比较分析。

本问卷通过三个问题来考察学生接触创业教育的情况：一是学生是否接受了正式创业教育，二是学生对创业教育的关注程度，三是学生参与创业相关活动的意愿和行动。另外，对创业活动与专业相关度做了调查。

学生参与创业教育的接受情况分为五层：参加过专门训练，参加过社团或训练营等，参加过创业公共课，听过讲座，完全没有接受正式创业教育。有的学生有多种方式参与，在避免多重方式重复计算的情况下，调查统计显示如表5-4所示。各年级段的学生都以听讲座的方式为主，一般上一层级的方式包含下一层方式，如参加过专门训练的学生往往参加了社团、公共课以及讲座，接受过创业教育的学生占58.8%共243人（该群体在后续研究中侧重分析）。未接受过正式创业教育的学生约占41%，这172人中，对创业教育问题完全不关注的有20人，不太关注的有50人，所以这部分学生中大多数学生通过周边同学朋友对创业教育有所了解。

表5-4　是否接受过创业教育题向分布

		频　率	百分比	有效百分比	累积百分比
有效	参加过专门训练	30	7.2	7.2	7.2
	参加过社团或训练营	39	9.3	9.4	16.5
	上过创业公共课	51	12.2	12.2	28.8
	听过讲座	125	29.8	30.0	58.8
	未参加	172	41.1	41.2	100.0
	合计	417	99.5	100.0	
缺失	系统	2	0.5		
合　计		419	100.0		

从统计结果看，51%的受访者完全没有创业想法，11.7%的受访者正在进行创业相关活动，31.3%的学生有创业的想法，6%的学生曾经参与创业但目前已经结束。所以近50%的学生有或有过创业想法及行动。如果从事创业活动，创业项目与专业的关联度不高，不相关的比例为41.5%，高于相关的比例（36.4%）。另外，在接受过正式创业教育的学生中，现阶段的创业行动和意愿显著高于未接受过的学生，如表5-5所示，而Chi-Square检验值为46.512，列联相关系数0.317，具有统计显著性意义。

表5-5　是否接受过创业教育与创业行动意向的交叉分析

Count		目前是否在进行创业或参与创业训练				Total
		是	完全没有	想过，但未开始行动	曾参与，现已结束	
是否接受过创业教育	否	6	119	43	4	172
	是	43	93	87	21	244
Total		49	212	130	25	416

与以往的调查结果相比，本次问卷调查发现，大学生对所在高校提供的创业教育了解程度和参与程度有所提升，普及度从一半不到提升到近60%。曾有调查发现，53.7%的学生并不清楚所在高校是否提供创业教育；随着院校精英程度的上升，学生对创业教育实情的不了解程度更高（朱红，2014）。这一趋势在本调查中仍然存在："985"高校创业教育学生参与度57.6%，"211"高校为66.7%。

5.2.2.2　各题项的重要程度描述统计

（1）创业教育目的的重要程度

关于创业教育的目的调查采用的问题方式是"您是否同意以下大学的创业教育目标"，按照李克特量表1–5级进行评分，1代表很同意，2代表比较同意，3代表一般，4代表比较不同意，5代表很不同意。同意程度也意味着重要程度。创业教育目标满意程度评价需要依赖两点认知：是否应该有这个目标；目标能否实现。但考察第一点（学校或个人的目标设立）是否满意并无实际意义，而第二点（目标是否实现）则又属于结果评价，故不设立满意程度评价。

表5–6显示了目标的认可程度不同，其中A2培养创新思维和能力最受到重视和认可（五星），其标准差也最小，一致性程度较高。另外六个选项形成了三个梯队，认可程度属于第二梯队的是A1培养创业意识与创业精神和A6转变就业观念，拓宽就业渠道（四星）；第三梯队的是A3学会创业知识和A5培养精英人才（三星）；第四梯队是A4培养实际上的自主创业者和A7紧跟政策环境和社会潮流（二星）。最不被认可且分歧较大的是A8满足学分要求（一星）。

表5-6 创业教育目标认可程度均值

		N	Minimum	Maximum	Mean	Std. Deviation
A1	★★★★	417	1	5	1.82	0.894
A2	★★★★★	417	1	5	1.60	0.857
A3	★★★	417	1	5	1.97	0.982
A4	★★	416	1	5	2.15	1.033
A5	★★★	417	1	5	1.97	1.014
A6	★★★★	415	1	5	1.84	0.884
A7	★★	418	1	5	2.09	1.077
A8	★	416	1	5	3.01	1.117
Valid N (listwise)		410				

注：为了更直观表示重要程度，用★个数来表示重要星级，最高五星级。下同。

（2）创业教育内容的重要程度

关于创业教育内容调查采用的问题方式是"请根据所在学校情况评价重要程度"，按照李克特量表1—5级进行评分，1代表很重要，2代表比较重要，3代表一般，4代表比较不重要，5代表很不重要。总体上，根据表5-7，B5获取校外实践经验被认为最重要，B1创业心理品质意识培养和B4创业核心技能的培养为其次重要，再次为B2创业相关知识的教学和B3政府创业扶持政策的解读。从教育内容看，很能理解学生对于走出校门接触外部社会的迫切需求。

表5-7 内容要素各题项重要程度均值

		N	Minimum	Maximum	Mean	Std. Deviation
B1	★★★★	411	1	5	2.06	0.985
B2	★★★	412	1	5	2.21	0.981
B3	★★★	410	1	5	2.21	1.000

		N	Minimum	Maximum	Mean	Std. Deviation
B4	★★★★	409	1	5	2.07	1.041
B5	★★★★★	409	1	5	1.99	1.021
Valid N （listwise）		406				

（3）课程教学的形式与方法的重要程度

关于课程教学的形式与方法的调查同样为五级评分，分数越低越重要。根据表5-8显示，各题项重要性从高到低排列，第一梯队：C2创业讲座、沙龙、研讨会，C6创业社团活动；第二梯队：C5参加创业竞赛，C1创业公共课和基础课；第三梯队是C3进入创业班级、创业学院等学习；第四梯队是C4创业网络课程。第一梯队的学习方式最为广泛，门槛最低，学生熟知度最高，而进入专门的创业班级或学院进行学习的学生本属少数，所以此处课程教学的形式与方法各要素的重要程度还需后面进一步根据学生类型加以判断。

表5-8　课程教学的形式与方法重要程度均值

		N	Minimum	Maximum	Mean	Std. Deviation
C1	★★★★	410	1	5	2.29	1.004
C2	★★★★★	410	1	5	2.20	0.946
C3	★★★	409	1	5	2.39	1.045
C4	★★	410	1	5	2.65	1.027
C5	★★★★	410	1	5	2.27	1.013
C6	★★★★★	410	1	5	2.22	0.960
Valid N (listwise)		404				

（4）教师队伍题项的重要程度

关于教师队伍的作用与构成调查分为7个题项，同样为五级评分，分数越低越重要。根据表5-9结果显示，D6加入或组建创业团队最重要，其次是D3初创阶段校友创业者的指导，D2具有创业经历的指导教师，D5同伴之间相互交流学习，再次是D1企业家导师和D4有创业经验的高年级在校生的指导，最后是D7教师的创业研究。

表5-9　教师队伍题项均值

		N	Minimum	Maximum	Mean	Std. Deviation
D1	★★★	392	1	5	2.16	0.983
D2	★★★★	391	1	5	2.10	0.998
D3	★★★★	390	1	5	2.09	0.992
D4	★★★	391	1	5	2.20	1.005
D5	★★★★	391	1	5	2.12	0.997
D6	★★★★★	391	1	5	2.02	1.021
D7	★★	391	1	5	2.39	1.039
Valid N (listwise)		385				

（5）创业教育的组织与管理的重要程度

关于创业教育的组织与管理调查分为14个题项，同样为五级评分，分数越低越重要。根据图5-2显示，重要性可以初步分出5个梯队，恰好代表了环境、教育途径、具体措施、管理机制、学籍的大类问题。第一梯队是E7包容性的校园创业文化和E14创业教育场地、设备、经费等投入；第二梯队是E3跨学科跨专业学习，E4与专业结合的创业教育；第三梯队是E12科技成果快速转化的途径，E13大学引入天使基金、风投等，E8申请入驻创业孵化基地，E5创业教育的校际合作，E6创业教育的国际合作；

第四梯队是E9学校对学生创业活动的激励政策，E11建立统一协调创业教育的机构，E10学校对教师创业活动的激励政策，E1创业学生选拔机制；第五梯队是E2弹性学制和学分替代。

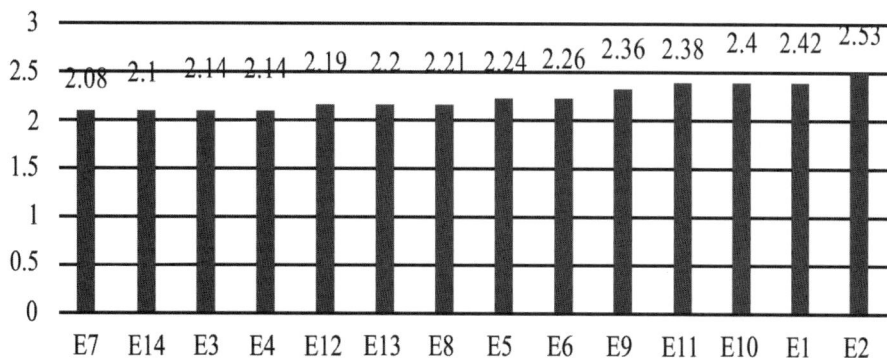

图5-2　创业教育组织与管理题项重要程度均值

5.2.2.3　各题项的满意程度描述统计

对所有创业教育内容、课程教学、教师队伍、组织管理等要素题项的重要程度和满意程度均值分布按从小到大顺序排列，可发现重要程度分布更为均匀，满意程度有一定的梯度跨越，如图5-3和图5-4的斜曲线所示。

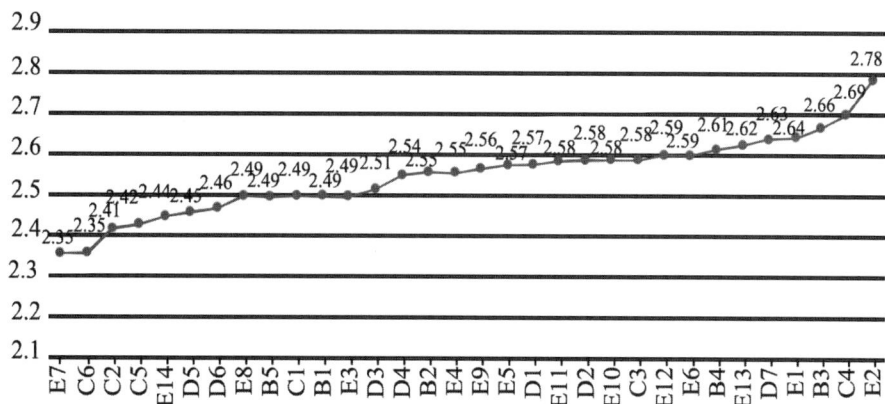

图5-3　创业教育各要素题项的满意程度均值

　　最让学生满意的前7位是C6创业社团活动，E7包容性的校园创业文化，C2创业讲座、沙龙、研讨会，C5参加创业竞赛，E14创业教育场地、设备、经费等投入，D5同伴之间相互交流学习，D6加入或组建创业团队。

　　学生最不满意的后7位是B4创业核心技能的培养，E13大学引入天使基金、风投等，D7教师的创业研究，E1创业学生选拔机制，B3政府创业扶持政策的解读，C4创业网络课程，E2弹性学制和学分替代。满意程度较高的题项主要是涉及课程教学、关系网络与校园环境。

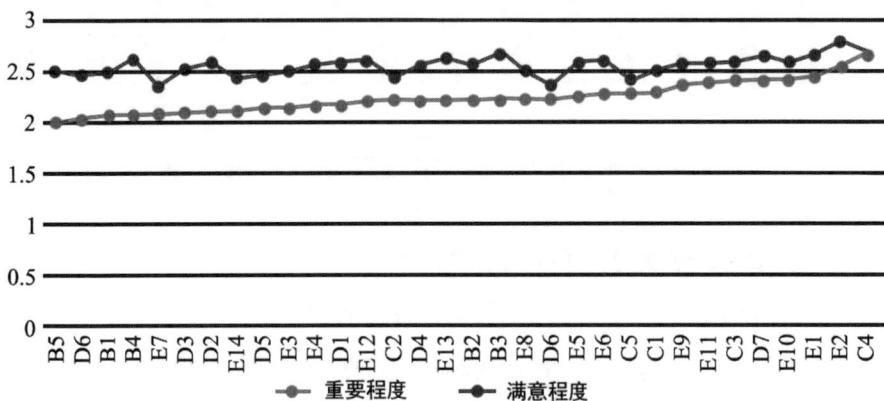

图5-4　创业教育各要素题项的重要程度和满意程度均值

　　图5-4除描绘了重要程度曲线（代表重要程度从高到低，分值越低越重要）外，还刻画了对应题项的满意程度折线图，可以对比看出一个大体趋势：越是重要的要素题项其离满意程度距离越远，这将具有重要的教育政策意涵：

　　①B5获取校外实践经验，D6加入或组建创业团队，B1创业心理品质和意识培养，B4创业核心技能的培养，D3初创阶段校友创业者的指导，D2具有创业经历的指导教师，此6项具有很明显的改进空间；

　　②E14创业教育场地、设备、经费等投入，D5同伴之间相互交流学

习，E3跨学科跨专业学习，E4与专业结合的创业教育，D1企业家导师，E12科技成果快速转化的途径，此6项具有较大改进空间；

③以C2为分界，D4有创业经验的高年级在校生的指导，E13大学引入天使基金、风投等，B2创业相关知识的教学，B3政府创业扶持政策的解读，E8申请入驻创业孵化基地，此5项有改进空间；

④以C6为分界，E5创业教育的校际合作，E6创业教育的国际合作，此两项也有较大改进空间。

E7（申请入驻创业孵化基地）、C2（创业讲座、沙龙、研讨会）和C6（创业社团活动机会）的满意程度较高。这里包括数量和质量两方面，从细节看，申请入驻创业孵化基地因其重要程度也高，改进空间仍然很大，而创业社团活动机会需要保持现有水平再适当提升，C4创业网络课程重要性相对不高，与满意程度评价的空间距离几乎没有，满意程度也不高，从访谈发现与其利用度和熟悉度都不足有关。

5.2.2.4 创业教育结果评价的描述统计

创业教育结果评价能在一定程度上反映学生对创业教育的认可状况，在创业教育结果评价上，主要通过10个有关创业的能力和行为、意愿的状态改变来表示正向或负向的结果评价，1代表提高很多，2代表提高一些，3代表不变，4代表降低一些，5代表降低很多。如表5-10所示，有的学生选择了降低，但是总体评价均值为正向改变。

表5-10 创业结果评价题项的描述统计

		创新意识	创业意向	风险评估能力	机会把握能力	团队合作能力	资源整合能力	应变/学习能力	技术发明/创意活动	创业实践/行动	就业能力
N	Valid	375	375	375	375	375	374	375	375	374	375
	Missing	44	44	44	44	44	45	44	44	45	44
Mean		2.14	2.39	2.30	2.19	2.06	2.16	2.05	2.33	2.28	2.27
Mode		2	3	2	2	2	2	2	2	2	2
Std. Deviation		0.774	0.816	0.812	0.796	0.854	0.856	0.784	0.808	0.860	0.807
Minimum		1	1	1	1	1	1	1	1	1	1
Maximum		5	5	5	5	5	5	5	5	5	5

提高最多的是团队合作能力与应变/学习能力，最不容易提高的是创业意向。在对自己未来的事业和创业发展乐观程度的总体估计上，8%的学生表示非常乐观，38.9%的学生较为乐观，39.9%的学生表示一般或不确定。不乐观的学生比例为13.2%。

5.2.3 差异检验

不同学生群体的差异性分析将对后续的关键要素提取和政策建议部分有启发意义。基于前面的统计描述，还需要对创业教育要素模块的重要程度和满意程度差异的显著性做出检验，对背景、特征、目标和结果各题项的差异进行检验。

（1）男女学生进行对比分析，在个体背景身份特征部分，男生和女生在接受正式创业教育上无差异，但是在创业行动和创业意向上有显著差异，男生高于女生。对各题项进行比较发现，在C4创业网络课程题项上女生比男生认为更重要，在A7紧跟政策环境和社会潮流创业教育目标题项上女生比男生更认同，差异具有显著性，所有题项满意程度评价男女生无差异。在创业教育结果评价部分，仅风险评估能力、创业意向的提高程度上有显著差异，均为男生较高。对未来乐观程度也是男生高于女生，检验后具有显著意义。

（2）将接受过正式创业教育和未接受过的学生作为两个群体样本进行比较分析，发现不论是重要程度还是满意程度，接受过正式创业教育的学生评分更高。而差异具有显著意义的题项在重要程度评价和满意程度评价上有所不同。图5-5直观地反映出接受过创业教育的学生认为的创业教育过程要素的改进空间分布。D2具有创业经历的指导教师和E14创业教育场地、设备、经费等投入的重要程度比全体学生向前提升了5位，位数变动最多，重要性和改进空间都很大，且在表5-11中显示了差异的显著性。

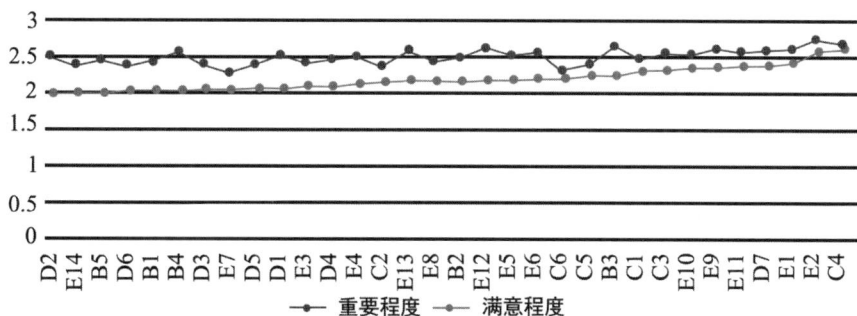

图5-5　接受过创业教育的学生对题项的重要程度和满意程度评价均值

接受过创业教育的学生比其他学生认为B2创业相关知识的教学，D1企业家导师，D2具有创业经历的指导教师，E8申请入驻创业孵化基地，E14创业教育场地、设备、经费等投入共5项显然更重要（C3进入创业班级、创业学院学习和D5同伴之间相互交流学习正好处于显著性临界值，也列入表中）；接受过创业教育的学生比其他学生对于以下8项更满意，且有显著意义——D1企业家导师，D2具有创业经历的指导教师，D3初创阶段校友创业者的指导，D4有创业经验的高年级在校生的指导，D6加入或组建创业团队，E3跨学科跨专业学习，E7包容性的校园创业文化，E14创业教育场地、设备、经费等投入。集中于D教师队伍要素模块与E组织管理模块，在某种程度上说明目前的创业教育在这两个方面有较为突出的表现。表5-11仅列出了差异有显著意义的检验结果题项。

表5-11　两类学生群体（是否接受创业教育）题项评价的T检验结果

	Levene's Test for Equality of Variances		t-test for Equality of Means						
	F	Sig.	t	df	Sig. (2-tailed)	Mean Difference	Std. Error Difference	95% Confidence Interval of the Difference	
								Lower	Upper
重要程度评价									
B2	3.333	0.069	1.977	408	0.049	0.194	0.098	0.001	0.387
C3	9.246	0.003	1.967	310	0.05	0.213	0.109	0	0.427
D1	6.264	0.013	2.743	316	0.006	0.28	0.102	0.079	0.48
D2	12.454	0.000	3.23	297	0.001	0.336	0.104	0.131	0.541
D5	3.254	0.072	1.965	387	0.05	0.201	0.102	0	0.403
E8	1.04	0.308	2.078	387	0.038	0.21	0.101	0.011	0.409
E14	9.894	0.002	2.416	302	0.016	0.264	0.109	0.049	0.479
满意程度评价									
D1-	0.023	0.88	2.286	382	0.023	0.238	0.104	0.033	0.443
D2-	1.457	0.228	2.502	381	0.013	0.262	0.105	0.056	0.468

	Levene's Test for Equality of Variances		t-test for Equality of Means						
	F	Sig.	t	df	Sig. (2-tailed)	Mean Difference	Std. Error Difference	95% Confidence Interval of the Difference	
								Lower	Upper
D3-	0.392	0.532	3.372	381	0.001	0.347	0.103	0.145	0.55
D4-	0.517	0.473	2.638	382	0.009	0.275	0.104	0.07	0.48
D6-	0.234	0.629	2.506	381	0.013	0.261	0.104	0.056	0.466
E3-	0.106	0.745	2.155	380	0.032	0.233	0.108	0.02	0.446
E7-	0.317	0.574	2.246	381	0.025	0.234	0.104	0.029	0.438
E14-	0.779	0.378	2.105	376	0.036	0.217	0.103	0.014	0.42

　　这两类学生对于创业教育结果评价上的比较结果如表5-12所示，其中所有关于教育结果和未来的评价都显示出具有显著差异，受过正式创业教育的学生状态改变的正向评价越高（见附录A表5-12-1），与表5-5的结果不谋而合。问卷中正式创业教育的层次分为四类，为了便于统计以及根据实际情况，专门的创业班和创业学院训练为层次1，参加过社团或训练营为层次2，参加过创业公共课为层次3，参加过讲座为层次4。根据两两比较，四个层次的学生的差异是，在机会把握能力、创业实践行动、就业能力上，参加过专门训练的学生比未参加过创业教育的学生提高更多，尤其是就业能力层次1高于层次2、3、4，未来乐观程度上也是如此。说明是否接受了不同层次的创业教育对学生的创业就业能力相关的成长结果有显著影响。

表5-12 两类学生群体（是否接受创业教育）结果评价独立样本检验

		方差方程的 Levene 检验		均值方程的 t 检验						
		F	Sig.	t	df	Sig.（双侧）	均值差值	标准误差值	差分的95%置信区间	
									下限	上限
创新意识	假设方差相等	4.879	0.028	3.105	371	0.002	0.253	0.081	0.093	0.413
	假设方差不相等			3.080	298.639	0.002	0.253	0.082	0.091	0.414
创业意向	假设方差相等	0.742	0.390	3.418	371	0.001	0.291	0.085	0.124	0.459
	假设方差不相等			3.465	320.326	0.001	0.291	0.084	0.126	0.456
风险评估能力	假设方差相等	0.464	0.496	3.055	371	0.002	0.260	0.085	0.093	0.428
	假设方差不相等			3.059	307.969	0.002	0.260	0.085	0.093	0.428
机会把握能力	假设方差相等	3.687	0.056	3.462	371	0.001	0.289	0.084	0.125	0.453
	假设方差不相等			3.428	296.624	0.001	0.289	0.084	0.123	0.455
团队合作能力	假设方差相等	2.255	0.134	3.060	371	0.002	0.273	0.089	0.098	0.449
	假设方差不相等			3.022	293.888	0.003	0.273	0.090	0.095	0.451
资源整合能力	假设方差相等	5.784	0.017	3.331	370	0.001	0.299	0.090	0.122	0.475
	假设方差不相等			3.278	288.218	0.001	0.299	0.091	0.119	0.478
应变/学习能力	假设方差相等	0.000	0.983	2.523	371	0.012	0.208	0.082	0.046	0.369
	假设方差不相等			2.576	327.360	0.010	0.208	0.081	0.049	0.366

		方差方程的 Levene 检验		均值方程的 t 检验						
		F	Sig.	t	df	Sig.（双侧）	均值差值	标准误差值	差分的 95% 置信区间	
									下限	上限
技术发明/创意活动	假设方差相等	1.659	0.198	2.006	371	0.046	0.171	0.085	0.003	0.339
	假设方差不相等			1.981	293.847	0.049	0.171	0.086	0.001	0.342
创业实践/行动	假设方差相等	0.165	0.685	2.087	370	0.038	0.190	0.091	0.011	0.368
	假设方差不相等			2.086	303.901	0.038	0.190	0.091	0.011	0.369
就业能力	假设方差相等	0.387	0.534	2.516	371	0.012	0.213	0.085	0.047	0.380
	假设方差不相等			2.574	329.067	0.010	0.213	0.083	0.050	0.376
未来乐观程度	假设方差相等	0.611	0.435	3.124	369	0.002	0.293	0.094	0.109	0.477
	假设方差不相等			3.030	281.263	0.003	0.293	0.097	0.103	0.483

（3）根据不同学科领域与创业应用的关系，大概分为理工类、文科类、应用类三种领域。因为艺术体育专业人数很少，知识应用性较强，与商科归为一类，农医类也归入应用类。而其他社科与文史哲一起归为文科类。

通过方差分析看创业教育目的，文科类学生与应用类学科学生无显著差异，理工类与其他两类存在的显著差异主要是 A3 和 A8，即理工科学生更加认同学会创业知识与满足学分要求的目标。

在创业教育要素模块题项的重要程度评价上，理工科与文科类学生具有显著意义的差别项共11项。理工科学生比文科类学生更重视B4创业核心技能的培养、E3跨学科跨专业学习、E4与专业结合的创业教育、E5创业教育的校际合作、E7包容性的校园创业文化、E10学校对教师创业活动的激励政策、E11建立统一协调创业教育的机构、E12科技成果快速转化的途径这7项；理工科学生比文科类和应用类学科学生更加重视B2创业相关知识的教学；文科类学生比理工和应用学科学生都更加不重视E1创业学生选拔机制、E2弹性学制和学分替代这两项，或与其创业意愿和行动相对不高有关。总体上反映出理工科学生对创业教育的知识、技能内容和实际的促进政策更加看重，对他们来说这些举措最有助于创业活动。

在创业教育要素模块题项的满意程度评价上，理工科与文科类学生具有显著意义的差别项也是11项。除了教师队伍模块的D4有创业经验的高年级在校生的指导这一项显示出理工科比文科和应用学科学生都更满意外，理工科与文科学生有显著意义的差异共10项——C2创业讲座、沙龙、研讨会，D1企业家导师，D2具有创业经历的指导教师，D3初创阶段校友创业者的指导，D7教师的创业研究，E3跨学科跨专业学习，E6创业教育的国际合作，E8申请入驻创业孵化基地，E12科技成果快速转化的途径，E13大学引入天使基金、风投等，理工科学生的满意程度大于文科学生。总体上反映出理工科学生接触的创业教育要素范围更广、程度更深。

三类群体对创业教育结果评价有多个题项具有显著差异，其中整体上除了团队合作能力与就业能力外，其他项在文科类与另外两类之间相比提高程度不同，且具有显著性，理工类与应用类学科学生两两比较无差异。两两比较发现，与创业行动有关的有4项——创业意向、机会把握能力、技术发明/创意活动、创业实践/行动，理工科和应用学科学生比文科学生提高更多，具有显著性；另外4项——创新意识、风险评估能力、资源整合能力、应变/学习能力，理工科学生也比文科学生提高程度更大。结果评价分析特别突出的总体特点是文科类学生的创业教育更难以见"效",如雷达图5-6所示。从对未来的乐观程度看,文科类学生也显著低于其他两类学科学生。

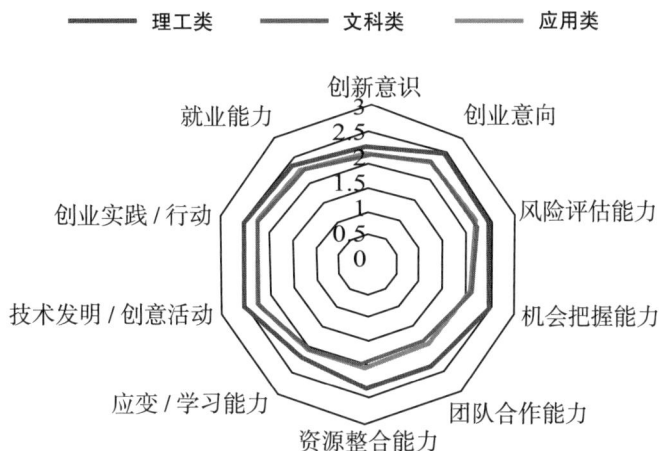

图5-6 不同学科领域的创业教育结果评价

(4)将不同年级的学生(本科生低年级和高年级、研究生)作为三个群体样本进行比较分析(参见附录A,表5-12-2),结果显示:对于创业教育目的,本科生低年级比高年级和研究生都更加认同"成为精英人才",其他子目标没有显著差异。这一定程度上反映出低年级学生对自我期待更高,更具理想主义倾向。对于创业教育结果的评价,本科生低年级比研究生的团队合作能力提高程度更大,其他没有显著差异。

在重要程度题项评价上,本科生低年级与研究生的唯一差异是创业网络课程,研究生更加重视网络方式;而本科生低年级比高年级更重视:创业公共课基础课、创业讲座沙龙研讨会等,具有创业经历的指导教师,有创业经验的高年级在校生的指导。本科生高年级与研究生的重视项无差异。

在满意程度题项评价上，本科生低年级比研究生更满意的有6项：创业公共课基础课，创业社团活动，有创业经验的高年级在校生的指导，加入或组建创业团队，包容性的校园创业文化，申请入驻创业孵化基地。本科生高年级比研究生更满意的是创业心理品质和意识培养，跨学科专业学习两项。本科生高年级与低年级的满意项无差异。

（5）所有样本学生对创业教育要素模块题项的评价差异见附录A表5-12-3所示。除了C4创业网络课程的重要程度和满意程度均值比较无显著差异外，其他题项均显示出重要程度评价显著高于满意程度的结果，意味着后续的创业教育政策改进空间还很大。

5.2.4 探索性因子分析

5.2.4.1 问卷的信度检验

创业教育关键要素验证归根结底是要厘清并简化哪些是大学创业教育运行过程中最重要的因素，以便制定对策。通过对题项重要程度评价的因子进行分析可以归纳出重要的公共因子。探索性因子分析所需要的最低样本量通常是变量总数或题项数的5倍以上，本问卷有效样本数已超过10倍值。在进行探索性因子分析之前首先要对量表进行信度检验，信度是用以衡量量表测量效果一致性与稳定性的指标。本研究以信度系数作为测量标准，题项总体相关系数（CITC）应大于0.35，同时，测量变量的一致性系数（Cronbach's alpha）应大于0.7。原则上，删除该题项后的一致性系数应不大于总量表的系数，否则需要删除该题项。由此，对样本的总体题项（A-F）进行信度检验，系数为0.965，具有较高的一致性。对分量表进行信度检测，得出表5-13的结果，删除A8项。

表5-13　量表信度检验

代码	模块		题　项	CITC	Cronbach's Alpha if Item Deleted	Cronbach's Alpha
A1	目的	分量表一	培养创业意识与创业精神	0.532	0.905	0.909
A2			培养创新思维和能力	0.514	0.905	
A3			学会创业知识	0.599	0.903	
A4			培养实际上的自主创业者	0.545	0.905	
A5			培养精英人才	0.484	0.907	
A6			转变就业观念，拓宽就业渠道	0.549	0.904	
A7			紧跟政策环境和社会潮流	0.539	0.905	
A8			满足学分要求	0.252	0.915	
F1	结果		创新意识	0.684	0.901	
F2			创业意向	0.635	0.902	
F3			风险评估能力	0.598	0.903	
F4			机会把握能力	0.639	0.902	
F5			团队合作能力	0.692	0.901	
F6			资源整合能力	0.653	0.902	
F7			应变/学习能力	0.634	0.902	
F8			技术发明/创意活动	0.591	0.903	
F9			创业实践/行动	0.653	0.902	
F10			就业能力	0.645	0.902	

代码	模块	题 项	CITC	Cronbach's Alpha if Item Deleted	Cronbach's Alpha
B1	内容	创业心理品质和意识培养	0.639	0.945	0.947
B2		创业相关知识的教学	0.737	0.943	
B3		政府创业扶持政策的解读	0.675	0.944	
B4		创业核心技能的培养	0.707	0.944	
B5		获取校外实践经验	0.66	0.945	
C1	教学组织形式与方法	创业公共课和基础课	0.687	0.944	
C2		创业讲座、沙龙、研讨会	0.712	0.944	
C3		进入创业班级、创业学院等学习	0.753	0.943	
C4		创业网络课程	0.62	0.946	
C5		参加创业竞赛	0.683	0.944	
C6		创业社团活动	0.652	0.945	
D1	教师队伍	企业家导师	0.683	0.944	
D2		具有创业经历的指导教师	0.725	0.944	
D3		初创阶段校友创业者的指导	0.702	0.944	
D4		有创业经验的高年级在校生的指导	0.695	0.944	
D5		同伴之间相互交流学习	0.706	0.944	
D6		加入或组建创业团队	0.676	0.945	
D7		教师的创业研究	0.652	0.945	

（分量表二）

续 表

代码	模块		题 项	CITC	Cronbach's Alpha if Item Deleted	Cronbach's Alpha
E1	组织与管理	分量表三	创业学生选拔机制	0.63	0.943	0.945
E2			弹性学制和学分替代	0.638	0.943	
E3			跨学科跨专业学习	0.667	0.942	
E4			与专业结合的创业教育	0.744	0.94	
E5			创业教育的校际合作	0.765	0.94	
E6			创业教育的国际合作	0.733	0.941	
E7			包容性的校园创业文化	0.758	0.94	
E8			申请入驻创业孵化基地	0.747	0.94	
E9			学校对学生创业活动的激励政策	0.66	0.943	
E10			学校对教师创业活动的激励政策	0.722	0.941	
E11			建立统一协调创业教育的机构	0.796	0.939	
E12			科技成果快速转化的途径	0.768	0.94	
E13			大学引入天使基金、风投等	0.72	0.941	
E14			创业教育场地、设备、经费等投入	0.757	0.94	

5.2.4.2 问卷的效度与因子分析

效度可分为内部效度、外部效度、结构效度、测评效度和统计结论效度，在实际分析过程中，通常关注结构效度的检验，而结构效度所采用的分析方法是因子分析。因子分析可以从问卷全部题项（变量）中提取一些公因子，各公因子分别与某一群特定变量高度关联，这些公因子即是量表的基本结构，可以考察问卷能够测量出研究者设计时假设的理论结构（范伯乃、蓝志勇，2011）。通过 KMO 和巴特利球形检验，考察原有变量是否适合进行因子分析，其检验标准为：KMO＞0.70，巴特利统计值达到显著（马庆国，2002）。本研究采用主成分因子分析和最大方差旋转法，并按特征根大于 1 的方式提取因子。依据探索性因子分析中比较通用的做法，如果某个题项在两个公共因子上的因子负荷系数的绝对值之差小于 0.1，则要考虑删除此题项；各题项的因子载荷系数一般应在 0.5 以上，累计解释方差需要大于 60%。

首先，创业教育目的模块 7 个题项与创业教育结果评价模块 10 个题项进入因子分析。因为创业教育目的与创业教育结果评价有"始"与"终"的相互关联关系，所以考虑可以一同进行因子分析。表 5-14 显示出 KMO 值为 0.926，球形检验显著，适合做因子分析。

表5-14 分量表一的 KMO 和巴特利球形检验

Kaiser−Meyer−Olkin Measure of Sampling Adequacy.		0.926
Bartlett's Test of Sphericity	Approx. Chi−Square	3948.540
	df	136
	Sig.	0.000

表5-15 分量表一的方差解释

Comp onent	Initial Eigenvalues			Extraction Sums of Squared Loadings			Rotation Sums of Squared Loadings		
	Total	% of Variance	Cumula tive %	Total	% of Variance	Cumul ative %	Total	% of Variance	Cumul ative %
1	7.558	44.458	44.458	7.558	44.458	44.458	6.368	37.460	37.460

Component	Initial Eigenvalues			Extraction Sums of Squared Loadings			Rotation Sums of Squared Loadings		
	Total	% of Variance	Cumulative %	Total	% of Variance	Cumulative %	Total	% of Variance	Cumulative %
2	3.018	17.752	62.210	3.018	17.752	62.210	4.208	24.750	62.210
3	0.770	4.529	66.739						
4	0.662	3.893	70.632						
5	0.634	3.731	74.363						
6	0.624	3.671	78.034						
7	0.607	3.573	81.607						
8	0.457	2.687	84.294						
9	0.405	2.382	86.676						
10	0.374	2.202	88.878						
11	0.359	2.112	90.989						
12	0.309	1.815	92.805						
13	0.282	1.658	94.463						
14	0.260	1.529	95.991						
15	0.255	1.501	97.492						
16	0.233	1.369	98.862						
17	0.194	1.138	100.000						

Extraction Method:Principal Component Analysis.

表5-15显示提取了两个因子，累积解释能力为62%以上，表5-16显示提取的两个因子分别代表了学生对创业教育目的看法和创业教育结果的期待，本研究发现创业教育目的看似有很多种说法，但是对于学生而言，并没有所谓显性和隐性的目的之分，也没有教学生"做人"还是"做事"之分。

表5-16 分量表一的旋转成分矩阵

	Component	
	1	2
F5 团队合作能力	0.845	0.163
F6 资源整合能力	0.815	0.137
F7 应变/学习能力	0.803	0.141
F4 机会把握能力	0.798	0.146
F8 创业实践/行动	0.791	0.155
F3 风险评估能力	0.790	0.084
F1 创新意识	0.786	0.224
F10 就业能力	0.765	0.183
F8 技术发明/创意活动	0.749	0.124
F2 创业意向	0.727	0.220
A3 学会创业知识	0.165	0.820
A1 培养创业意识与创业精神	0.099	0.814
A6 转变就业观念，拓宽就业渠道	0.121	0.789
A4 培养实际上的自主创业者	0.129	0.777
A2 培养创新思维和能力	0.159	0.738
A5 培养精英人才	0.138	0.668
A7 紧跟政策环境和社会潮流	0.222	0.625

Extraction Method: Principal Component Analysis.

Rotation Method: Varimax with Kaiser Normalization

a. Rotation converged in 3 iterations.

其次，分量表二代表的是创业教育的教学工作，包括创业的核心相关的教学内容、形式与方法、师资等，BCD三个模块一起进入因子分析。表5-17表明KMO值为0.948，球形检验显著，适合做因子分析，表5-18显示提取了三个因子，累积解释能力为67%以上。

表5-17　分量表二的KMO和巴特利球形检验

Kaiser−Meyer−Olkin Measure of Sampling Adequacy.		0.948
Bartlett's Test of Sphericity	Approx. Chi−Square	4645.890
	df	153
	Sig.	0.000

表5-18　分量表二的方差解释

Component	Initial Eigenvalues			Extraction Sums of Squared Loadings			Rotation Sums of Squared Loadings		
	Total	% of Variance	Cumulative %	Total	% of Variance	Cumulative %	Total	% of Variance	Cumulative %
1	9.509	52.826	52.826	9.509	52.826	52.826	4.485	24.918	24.918
2	1.431	7.948	60.774	1.431	7.948	60.774	3.869	21.496	46.414
3	1.165	6.473	67.247	1.165	6.473	67.247	3.750	20.833	67.247
4	0.856	4.756	72.002						
5	0.660	3.666	75.668						
6	0.592	3.290	78.958						
7	0.503	2.793	81.751						
8	0.417	2.317	84.068						
9	0.406	2.255	86.323						
10	0.340	1.889	88.213						
11	0.330	1.834	90.047						
12	0.303	1.682	91.729						
13	0.295	1.639	93.368						
14	0.267	1.483	94.851						
15	0.254	1.409	96.260						
16	0.249	1.382	97.642						
17	0.223	1.239	98.881						
18	0.201	1.119	100.000						

Extraction Method: Principal Component Analysis.

表5-19显示提取的三个公因子分别代表了教师队伍因子、创业课程教学形式与方法因子和教学内容因子，与理论设想框架一致。教师队伍因子包含了师生关系、教学相长、同伴相长以及教师的创业研究工作，企业家导师、初创校友、创业经验的高年级学生和指导教师，显示了创业指导中实践经验的重要性。这个公共因子的特点是校内外利益相关者的密切网络与身份所附带的创业实践特性。

表5-19　分量表二的旋转成分矩阵

	Component		
	1	2	3
D3	0.802	0.244	0.201
D4	0.792	0.231	0.210
D6	0.738	0.151	0.319
D2	0.732	0.352	0.206
D1	0.699	0.345	0.181
D5	0.685	0.230	0.348
D7	0.583	0.263	0.338
C5	0.300	0.788	0.172
C6	0.340	0.755	0.106
C2	0.225	0.735	0.358
C3	0.329	0.645	0.399
C4	0.214	0.642	0.306
C1	0.218	0.623	0.438
B1	0.280	0.145	0.776
B4	0.319	0.219	0.772
B2	0.253	0.357	0.753
B3	0.220	0.316	0.729
B5	0.293	0.352	0.586

Extraction Method: Principal Component Analysis.

Rotation Method: Varimax with Kaiser Normalization.

a. Rotation converged in 5 iterations.

课程形式与方法公共因子包含课堂讲授与第二课堂的实践形式，在创业教育中网络课程并不受重视，这与我国网络课程建设的质量有关。专门的创业训练因为其接纳的学生人数规模很小，大多数学生并不清楚其效果，但是对于已经接受过该层次教育的学生而言，这是非常重要的形式。

教学内容公共因子主要包含了知识、技能、素质三要素，其中获取校外实践经验与创业核心技能之间有密切关系，这在访谈中一再得到验证，通过校外的经验能将校内所习得的理论知识和一些技能要点融会贯通，真正"内化"到学生的思维中。

分量表三代表的是创业教育的组织与管理工作，E模块14个题项进入因子分析。表5-20表明KMO值为0.94，球体检验显著，适合做因子分析，表5-21显示提取了两个因子，累积解释能力为65%以上。表5.22显示E8申请入驻创业孵化基地对应的第一个和第二个公共因子载荷都在0.5以上，但该要素在学生的创业实践中是重要一环，故不予删除，并放在第二个公因子中。提取的两个公因子分别命名为创业学习的制度文化因子和成果转化的支持投入因子。

表5-20　分量表三的KMO和巴特利球形检验

Kaiser−Meyer−Olkin Measure of Sampling Adequacy.		0.940
Bartlett's Test of Sphericity	Approx. Chi−Square	3807.182
	df	91
	Sig.	0.000

制度文化投入因子包括了校内外合作、校内跨专业学习、与专业结合的创业教育、包容的校园文化、学生学业的灵活性管理。支持投入因子主要在于物理设施、机构和有关资金的显性投入举措，与实际开展的自主创业活动有关，与成果转化为创业项目有关。

表5-21　分量表三的方差解释

Component	Initial Eigenvalues			Extraction Sums of Squared Loadings			Rotation Sums of Squared Loadings		
	Total	% of Variance	Cumulative %	Total	% of Variance	Cumulative %	Total	% of Variance	Cumulative %
1	8.222	58.731	58.731	8.222	58.731	58.731	4.809	34.349	34.349
2	1.002	7.158	65.889	1.002	7.158	65.889	4.416	31.540	65.889
3	0.802	5.729	71.619						
4	0.593	4.233	75.852						
5	0.558	3.985	79.837						
6	0.479	3.421	83.258						
7	0.428	3.057	86.315						
8	0.388	2.769	89.084						
9	0.340	2.429	91.513						
10	0.295	2.109	93.622						
11	0.260	1.857	95.478						
12	0.238	1.703	97.181						
13	0.216	1.542	98.723						
14	0.179	1.277	100.000						

Extraction Method:Principal Component Analysis.

表5-22　分量表三的旋转成分矩阵

	Component	
	1	2
E5	0.786	0.343
E6	0.776	0.312
E3	0.772	0.227
E4	0.762	0.341
E7	0.734	0.390
E1	0.606	0.343

	Component	
	1	2
E2	0.532	0.431
E10	0.245	0.851
E9	0.226	0.787
E11	0.468	0.713
E12	0.449	0.702
E13	0.391	0.699
E14	0.480	0.655
E8	0.555	0.560

Extraction Method: Principal Component Analysis.

Rotation Method: Varimax with Kaiser Normalization.

a. Rotation converged in 3 iterations.

　　总体上，因子分析所提取的公共因子分别代表了创业教育目的和结果、创业教育内容、创业教育教学课程方法、创业教育教师队伍、创业教育制度文化和支持投入策略7个要素，与原先的理论设想一致。目标与结果共同对应的是创业教育的价值和意义，创业教育内容、方法、教师队伍因素在教育教学过程中是密不可分的，创业教育制度文化要素代表了软环境要素，而支持投入更多的是硬件条件和机构等显性要素。

5.3 小结和讨论

5.3.1 创业教育对学生成长的影响

创业教育对学生的影响首先体现在其创业实践活动的行为表现，其次是意愿、能力和态度的转变。本研究中，接受过正式创业教育的学生的创业行动和意愿显著高于未接受过的学生，其创业核心能力评价和就业能力评价也高于其他学生。对接受过创业教育的学生而言，创业教育特别重要的要素有7项：创业相关知识的教学，进入创业班级、创业学院学习，企业家导师，具有创业经历的指导教师，同伴之间相互交流学习，申请入驻创业孵化基地，创业教育场地、设备、经费等投入。但在7项中，同时满意程度也更高的只有企业家导师，具有创业经历的指导教师，物理设施和经费投入这3项。其余5项——初创阶段校友创业者的指导，有创业经验的高年级在校生的指导，加入或组建创业团队，跨学科跨专业学习，包容性的校园创业文化，虽然更满意却并非显得更重要，可以看出这5项是融合于普通教育当中的，不需要采取特殊的创业教育举措就能获得，只要对创业有所兴趣的学生，都能够自主地获取这些师资的指导，加入或自我组建团队，以及进行跨学科学习，所有学生都处于同一个校园创业文化环境中。访谈发现，在较高水平大学的学生看来，只要自己主动，跨学科跨专业学习是没有门槛的，"虽然实验室的圈子很小，但是如果有好的想法，想与别的实验室学生合作，跟导师说了以后他就会帮我们联络"。"要学习别的专业课程，可以去旁听。"但是学生并未意识到创业教育跨学科的跨度之大，实际上大学生的创业活动参与很少也鲜有需求。只有在专门训练和团体类训练的创业教育中，学生的跨学科需求才能得到最大化的满足，如参加创业班的学生来自不同学科专业，带来了多元思想的交流和更大的发展可能性。

由此可以发现，创业教育的不同层次，面对的学生不同，创业教育是一个双向选择的过程，学生可以选择是否接受某个层次的创业教育，而创业班、创业学院、创业社团、创业专门课程等也要选择学生。层次越丰富，可选择性越多，则学生受众和创业教育的普及度才能大大提高。每种层次和类型的创业教育构成了"全方位的教育体系"，能够真实地影响学生成长。

根据是否接受过创业教育的学生成长对照可以发现创业教育的作用，另外创业教育对于不同背景的学生所起的作用有差异，也印证了需要"因人施教"，创业教育的影响是灵活的、渗透的。男生和女生在接受正式创业教育上无差异，最大的差异是现阶段的创业行动和创业意向，男生高于女生。大学的创业教育应该关注分析性别差异背后的社会原因，可以对女生在创业教育方面有更加适当的举措，鼓励女生的主动参与，提升其未来乐观程度。

随着年级的升高，学生对各类教育接触越多，如研究生就比较重视网络课程，而低年级学生接触公共选修课较多，对知识普及类入门知识比较重视，有引导作用的高年级学生和指导教师对他们就显得很重要。一方面，低年级学生更多参与自我组织的团体活动，如社团、团队，由此更加认可校园创业文化和学生创业基地；另一方面，研究生的主要任务一般都在实验室完成，所以学生团队活动、外部尝试活动和跨学科跨专业学习都显得更少，他们倾向于专一深入某个研究方向。总体上看，广义的创业教育在本科生中推行更多，而自主创业教育活动在研究生中又相对缺乏，研究生比本科生对创业教育的满意度更低。

从不同学科领域看，理工类的创业教育目标中最显著的是实用性和明确性，更为认同学会创业知识与满足学分要求的目标。反映出理工科学生对创业教育的知识、技能内容和实际的促进政策更加看重，对其来说这些举措最有助于创业活动。而应用类学科与理工类学科比较接近，访谈中有管理社科类的教师认为，"文科也有创业需要，也有很多的应用项目，关键是要与社会需求结合"。理工科是大学中较为典型的天然"自带创业项目"的学科，作为创业教育面向的重点领域，应采取更积极的举措，而其他学科也需要融合进创业教育体系，没有广泛的学科支撑，创业教育和创业行动不能持久。

不同年级不同学科的学生，背后体现的个体特征不同，对创业教育的接纳度和成长影响有所不同。意味着创业教育更需要采取不同的措施，分层分类递进式地开展。

5.3.2 创业教育的核心目标

根据创业教育目的调查以及师生的访谈分析，大学创业教育的价值和意义具有综合性和唯一性，不论可以细分为多少个具体目标，可以用一个目标来概括：培养创新思维和能力。这连接了隐性的精神层面，也连接着显性的创业者行动层面。从文献和调查可以发现，创业教育的目标可以分为长远目标与短期目标、内在目标与外在目标等，如大学创业教育目标是创业项目的产业化和构建国家创新体系（席升阳，2007）这一观点是典型的外在目标，有的学者还区分了创业教育的价值理想、价值目标和价值存在（林文伟，2011）。不同的主体立场下目标也会有所不同，目标是价值的具体化，但是百变不离其核心。创业教育的价值与创业的价值有区别，创业教育广泛认同的仍然是学生培养的价值，而创业的价值对于教师而言分为学术（学科）价值、商业价值、社会价值三种，对学生而言主要是个人成长价值、经济价值和社会价值三类。创业教育与创业的联系在于，创业教育可以推动创业，而创业一旦形成文化氛围，则反过来是创业教育的一大推动力。

目前大学创业教育的主流观点认为，创业教育应该旨在培养创新创业人才，内涵非常丰富，理想目标早已经超越了就业。但是必须看到，培养创新人才是基于教育的整体职能，创业教育只是其中一种形式和途径，创新人才培养目标有泛化创业教育之嫌，不能突出创业教育的特点。大学创业教育专业化和系统性不强，创业教育的目标定位仍应该注重具有其独特性和不可取代性。所以，创业教育在培养创新创业人才的宏愿下，应该进一步明确其具体的独有的目标和价值。

创业教育并不局限于科学和工程或者商业领域，很多院系都在贴近商业和应用，由此其学生的创业教育也有开设的合理性基础。教师科技人员的学术创业其合法性来自国家研究资助政策的改变和高等教育的收支模式（斯劳特，2008），那么创业教育、学生创业的合法性解释来自一个最重大的事项，就是学生教育成本与收益的考量问题，另外创新驱动要求培养人才的观念变化（从适应性人才转变为主动性的具有创新思维、创业意识的人才）。大学创业教育的本质是追求创新，如何才能围绕创新，发展创新网络和创新能力，创业教育如何实施才能为创新服务，做好创新人才支撑，这一系列问题需要在一个统一的创业教育目标下得到回答。

"现实的理想主义者"，是学生对自己接受创业教育后成为什么样的人才的本土概念式的阐述。学生的理想与现实有差别，而在教师眼中和在学生自己眼中，未来应该成为什么人，也有微妙差异。从调查看，教师的精英观更明显，期待学生成为精英人才的多，学生自己更务实；学生更多提及要成为自主创业者，教师则较少期待学生成为创业者；至于培养创业精神和意识，教师多于学生。

高水平大学的学生培养立足点是精英型和引领型的人才。创业通常是个人综合能力的体现，创业有"道"和"术"，两者结合方能成功。凡是伟大的创业者，无不是多种才能的综合体，关键还具有强烈的使命感和社会责任感，财富只是附带品。目前的创业教育容易停留在产品开发、团队建设、融资等技术层面，而这些"术"的层面在没有"道"的支持下也难以为继。不同学科教授都从不同角度阐释了类似的观点，认为创业者应该具有大格局或大战略的思想，有的教授提出要有"高起点"，有的教师认为大学的学生创业要有人格的力量，有人文的支撑。这些方面恰好就是创业教育内容中的隐性知识，是广义创业教育所要进行的创业精神和思维能力的培养。伟大的创业者本身是少数的，也难以"培养"，但仍值得大学为之努力，由此才有大量普通创业者的出现。

创业教育价值需要在高等教育认识论和政治论二元论中取得平衡。大学教育有一些永恒不变的内核，不论政治与市场影响如何，其永恒的内核在于"高深知识"，智力优秀和社会公正都是大学的有价值的目标（布鲁贝克，2001）。创业教育正是涵盖了这些价值。

5.3.3 创业教育的关键要素构成

根据案例分析和实证分析结果，本研究发现创业教育具有"战略"与"战术"的区分，创业教育的战略放置于广泛的高等教育几对重要关系中考察，如人文与科学，专业与通识，基础与应用，研发与教学。创业教育的"战术"则是围绕着创业过程的基础层、中间层与顶层三个层次的要素，创业教育体系的关键要素可以细分到7个要素（研发、教学内容、教学方法、师资、制度文化、支持投入、教育目标）或整合为三个层次五大要素。

　　基础层要素为研究与开发及教学体系，因为研发是大学的基本活动，也作为创业教育的基础。创业教育的改革应该着力从基础层进行。教学体系包括教育主体要素（主要是教师队伍与师生关系）、教育教学过程要素（包括内容要素、形式和方法要素），中间层的要素包括制度文化要素、支持投入要素，这两者在进阶创业教育中居于核心地位，加速推进了创业行动。顶层为教育目标要素。图5-7较为简洁地表述了我国大学创业教育关键要素的构成。

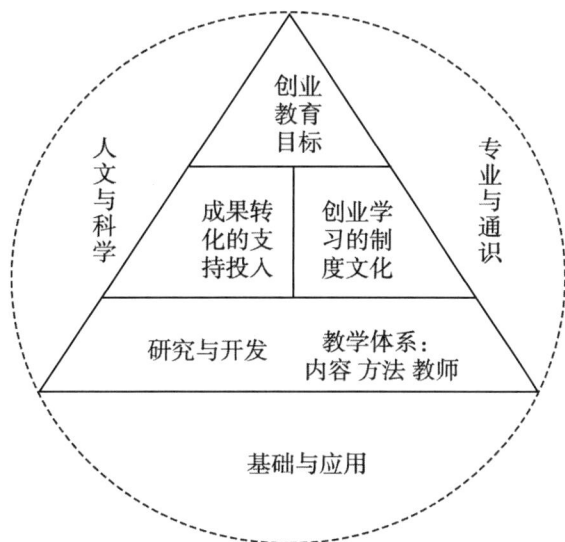

图5-7　我国大学创业教育关键要素的构成

　　创业者能力结构的多元性客观要求创业教育涵盖多重教育属性，必定还需要人文与科学两种文化、通识教育与专业教育、基础研究与应用研究之间的协调配合。教育内化过程机制理论，表明仅有目标、内容、课程教学等要素还不够，必须要联合其他的政治的经济的外部条件，才能使内化过程完成。要素之间需要相互联合的关系。大学生是创业教育的作用对象，本身并不是改革的部分。学校努力要做的就是达成各种条件和环境，使学生在出现创业点子的时候勇于尝试，不惧失败，从而使创业这一偶然事件变为必然事件。教师和学生是主体，大学通过管理制度和机构直接推动实现创业教育目的，而企业界和政府、社会组织是创业教育的帮助推动者。该关键要素图的要点是：

（1）三个层次的创业教育关键要素。大学以创新技术为创业教育的基础，必须有坚实的研发力量，研发是基础，但同时要注意基础研究与应用研究之间的平衡。在慕尼黑工业大学，"创业研究"一词涵盖了广义的促进研发与创业的研究工作，在我国情境下，创业研究单纯归属于教学体系中的教师要素，是教师所从事的一类特殊研究领域。大学的创业教育教学体系是基础层要素之二，包括内容、方法与教师要素。因子分析得到的7个要素在此可以归结为三个层次五大要素：研发、教学体系、成果转化的支持投入、创业学习的制度文化、创业教育目标。

（2）两种创业教育路径。创业教育必须围绕学生的成长需求，做好分阶段的教学工作，大学需要普及化的创业教育基础上的进阶创业教育，最终实现创业教育目标。普及化的创业教育是实践导向的，进阶创业教育是行动导向的，总体上创业教育都必须经过实践和体验才有意义。行动导向和实践导向有所不同，创业行动和创业实践是两个层面的活动。比如，本科生低年级适用于实践导向的创业教育，部分本科高年级学生与研究生适用于行动导向的创业教育。两种分型是理想化的理论建构，在实际教育过程中存在转化。

关键要素图的中间层"成果转化的支持投入"代表了对行动导向的创业教育支持路径，"创业学习的制度文化"要素是实践导向的创业教育支持路径。大学的优势是科技成果，成果转化为创业项目需要大力改进孵化和服务体系，同时也要加强文化环境的支持和反馈。调研发现，大学的成果尤其是科技成果具有广阔的转化前景，但是国内的转化率很低，可以通过创业教育加以改变，同时转化工作也能促进创业教育的实效。要素之间的关系将在下一章更详细地论述。

大学创业教育运行机制与策略

本章根据前面得出的创业教育关键要素，对要素之间的关系和相互作用进行梳理，运用质性研究方法，对访谈材料的本土概念进行再次整理，主要提出了学生分层分类培养机制、多元化教师的动力机制和资源整合与分配的机制。对创业教育三个层次五大要素再进行关系归纳，凝练为关键要素的三个核心要义，这三大要义指导着机制与策略的建立，是机制得以构建的前提，同时也表明了关键要素与运行机制之间的关系。

6.1 机制构建的前提

关键要素之间的相互关系在图5-7中有所揭示，在大学创业教育体系的顶层设计中首先要探讨的是创业教育目标，目标实质上关乎对创业教育价值观的认识，对学生培养机制和教师动力机制有着重要的潜移默化的影响；中间层的"成果转化的支持投入"与"创业学习的制度文化"要素区分了实践导向与行动导向的教学风格，以及相应的创业服务的支撑条件，对学生培养机制和资源利用机制有显著影响；基础层的研发和教学体系要素是形成其他要素的必要非充分条件，与顶层目标要素不同，它较为显性地影响着运行机制的构建。

6.1.1　澄清创业教育价值观

这一核心要义来自于目标与结果评价的关键要素，影响着其他关键要素的实施。中国正处在创业教育兴起的阶段，各个高校都在探索自己的道路，大学越来越重视创业教育，但还没有找到确切的实施路径。有学者和高校领导认为，我国大学直接聚焦"创业"太多，忽视了人才的培养。无论这一论断是否成立，都可推断出创业教育目前需要澄清价值观和方法论。价值观多元又相对统一，价值判断主要关乎的是善恶是非好坏的认定。创业精神的本质是追求革新、冒险、不均衡，大学通过创业教育来提高冒险成功的概率。有效的创业教育应使人勇于冒险不惧未知，而非更加排斥和害怕不确定性，这种勇敢以"有谋"为前提，以一定的技能为武装，通过实践体验加以增强。有的人认知了冒险的艰辛，可能会削弱冒险意愿，认为创业并不适合自己，而有的人认识了冒险的乐趣与收获，愿意创业，总体上后者愿意人数比例变得更高，才能凸显创业教育的意义和价值。我国的教育和文化传统让个体"自控性"特质得到了极大加强（余英时，2008），但是革新的创业教育正是要打破这一点，加强学生的"主动性"特质。

创业教育价值观关乎如何评价高校的创业教育结果。以培养出创业者的人次、孵化项目的数量、公司的业绩为指标，固然有些功利，但以广义创业教育之名衡量一些无法量化的创业教育成果也很困难。创业教育要避免以毕业时学生开办公司作为创业成果统计指标的偏向（Bilán等，2005；Galloway，2002；杨斌，2015），因为创业本身要更长远才能评价。由此，创业教育评价指标仍然应该要有明确性，但不必作为指挥棒，只作为学校办学的一个参照即可。斯坦福大学没有硬性考核，创业教育已经成为自然的教育方式之一，如同人的生活方式一样，也成为学生的内在学习方式。创业教育结果评价问题与办学理念、动机及办学的政治逻辑相关，大学本身可以营造更宽容的环境，回到创业是个人成长活动的本质，而对经济社会的作用是自然而然的结果，这就能避免创业教育成为国家主义的活动和学校特意去推动的"任务"。

　　大学应澄清自己的创业教育价值观，而身处其中的教师和学生则要澄清个体层面的教育价值观和创业价值观。在价值观澄清后，各方才能进一步对创业教育的开展方法和过程进行合理安排。在大学层面，创业教育价值观是综合且唯一的；在个体层面，却应该有两方面的价值观需要澄清，如表6-1所示。教师需要清楚自我承担的教学、研究、服务等各职责之间的关系，并确立最擅长与最关注的部分，问自己是否应该或喜爱从事创业相关活动；而大学生则要确定自己的最大兴趣所在并发展出相应的能力，当对创业活动感兴趣时进一步了解创业是要做什么以及不断质询自己愿意为之长期努力的理由。创业促进与创业教育两者不应该对立，而创业人才培养的方法应该是基于创业实践过程的（曹祎遐，2014；Kirkwood 等，2014）。学生中只有很少人选择创业，其他人可能在从事着创新的工作，或是多少年后选择创业，不能因为创业延后的理由就否定大学生应该主动进行创业实践活动的合理性。

表6-1　大学创业价值观分析

	澄清的价值观	核心问题
大学	创业教育价值观	培养什么样的人？为什么开展创业教育？
教师	教育价值观 创业价值观	教师职责目标是什么？ 为什么要参与创业？
学生	教育价值观 创业价值观	要成为什么样的人？ 为什么要参与创业？

大学开展创业教育的价值和意义很明确。全球创业观察报告对比国际数据后发现，中国青年创业者中接受过本科教育创业者比例相对较低。全球18—24岁的创业者中有53%获得本科学历，而在中国这一数字仅为24%；25—34岁的青年创业者中，全球有46%拥有本科学历，而在中国这一数字为34%。在所有青年创业者中，中国青年在校期间接受过创业教育的比例最低[①]。这一数字甚至仅是排名倒数第二的东亚和南亚地区数字的一半。说明目前我国高校创业教育工作较之其他国家还有不少差距。中国的创业教育相对而言起步比较晚。虽然近年来，创业教育已成为有关部门重点推进的一项任务，但在内容和形式上，依然有不少缺陷。美国大学生一般先有好的点子再开始创业，而不是先想创业再想点子，许多创业者都具有很好的学术背景。这充分说明我国大学教育者应当更积极关注和倡导创业教育。

6.1.2　区分实践与行动导向的教学风格

根据前文对大学的创业教育要素分析可知，教育教学体系是最基础的层级，该层级可以用实践与行动导向的教学风格来概括。实践导向与行动导向有共同之处，但是创业教育中更重要的是区分两者不同的功能和表现形式。表6-2拟对创业教学中传统教学风格、实践导向和行动导向风格之差异做出简洁的示意。

---

① 陈彬.全球创业观察中国报告在京发布［N/OL］.中国科学报，2016-02-04（6）. http://news.sciencenet.cn/htmlnews/2016/2/337922.shtm

表6-2 实践与行动导向的教学风格特征

	传统教学风格	实践导向	行动导向
目的功能	知识传授为主	个人成长目标	
教学中心	知识中心、教师中心	学习者中心	
教学法理论	系统知识传习理性导向	体验式学习、问题解决式学习、项目式学习 多重因素整合，非线性思维	
对象特点	全体学生	普及型、全校型低年级本科生为主	有强烈创业兴趣与意向者，具备专业经验 高年级研究生为主
师资作用	教师作为指导者	教师反馈与指导 教师是伙伴	专业人士反馈与评估 多元的合作伙伴
结　果	商业知识和技术	软技能培养 反思型人格	软技能培养 反思型人格，注重创业促进的结果

开展创业教育的部门传统上为商学院，目前全校性创业教育成为主流，工科学院等其他院系也都有望开展创业教育（Welsh，2014），创业教育的构成子要素在增长扩大。创业教育能否有效提升创业意识和初创企业数量，有赖于授予学生的知识是否符合需求。创业知识广义上有硬技术与软技能之分。有分析表明（Lautenschläger & Haase，2011），青少年的创业兴趣和能力的缺乏是由理性导向的教育制度造成的，这种教育制度不能提高创造力、机会识别和解决问题的能力。大多数创业教育计划只是临时的"时尚"，相对于教学生如何开创商业，更应该集中于促进学生的创业软技能。传统商学院过分强调量化技术和合作技术，忽视了创业教育强调的想象力、创造性和冒险精神这些软技能。越来越多的有关创业教育的文献开始争论大学背景下如何创设一个不同的学习环境来支持创业人才培养。最终软技能培养需要依靠行动导向和实践导向。

　　实践与行动导向的教学风格鼓励体验式学习、问题解决式学习、项目式学习、创造力和同行评价（Welsh 等，2016；Jones & English，2004；Robinson，2010）。学者们提出创业教育是基于实践的教学法，包括启动商业作为课程作业、严肃的游戏、设计思维、反思性实践（Daniel，2016；Neck & Greene，2011），创业作为过程和创业作为方法不同，创业教育可以是所有专业教育、科学教育的基础，可以无缝地融入。有定量研究（Morris 等，2017）表明，大学需要慎重扩大构成其创业生态系统的要素组合。体验式学习是生态系统的一个重要组成部分（Costin，2013），但并不是排他性的因素，它与其他学习媒介结合起来才会增强其潜力。在创业生涯中，学生的背景、水平和体验类型以及相对自我效能差异很大。未经悉心设计而简单地提供与创业相关的计划和活动，可能会限制大学创业教育工作的有效性。特别是投融资方案部分限制了学生参与的活动范围：种子资助计划，可能有助于提高创业计划的知名度和声誉，并成为校友和其他外部投资利益相关方的考察工具，这些类型的举措对初创活动的影响可能适得其反，尤其是对那些缺乏专业经验的学生。本研究中的部分结论印证了上述论断，很多学生表示不重视投融资并且具有尽量不融资的态度。解决方法不是消除这类计划，而是更好地将它们与其他因素结合起来，以完成围绕创业的活动。总而言之，大学生态系统对学生的创业行为有重要的影响，创业教育教学必须反映学生的学习需要和学习风格。

　　实践与行动导向的教学风格的主要教学理论依据是以学习者为中心。以学习者为中心的教学法使学生能够更好地创造和管理自己的未来学习计划，以便应对未来不确定的（全球）工作场景和创业活动（Gibb，1999；Harkema & Schout，2008）。传统的学术焦点是帮助学生理解学科，了解企业。大学对理论和概念框架的重视通过创业学习的方法得到了改善和增强，理论不再局限于书本和模型，创业学习中教师也变成了"在学习过程中的指导和合作伙伴"（Gibb，1993；Hynes，1996；Heinonen，2006）。基于特定背景的工作项目产生的技能可以"转移"到任何其他环境。如学生通过小企业实践项目，其学到的概念和理论在实践中得以应用，并且从参与式、体验式学习的活动中导出和构建概念，"通过做中学，解决问题，抓住机会"。这些方法鼓励并使学生能够反思自己的学习和个人生涯发展，反思型的个体更适合创业（Jack & Anderson，1999）。实践和行动导向的学习帮助学生小组工作时可以获得更丰富的体验，获得那些具有中小企业工作经验的专业人士（金融能手、风险投资人和商业顾问等）提供的正式评估与反馈，进一步增强教学效果。所以，应该倡导开展各类兴趣小组、研究小组、团队竞赛、创业项目。

不同学院、学科的创业教育做法不同，不论是哪个学院，实践和行动导向的创业教学都需要有多元的教师和创业研究，以及分类的学生指导。大学和学生联系的本质通常是知识而非个体发展，教育教学体系以知识传授为核心，而实践导向和行动导向的教学风格能够加强成个体成长的价值观。对创业教育而言，学生成长的最大体现在于创业思维和能力的形成，这也是实证部分得出的创业教育核心目标。商学院大多在教学生经营一个企业而不是创立一个企业，但是创业也成为主要的方向。教人成为企业家是可教的技能，但不是学校教他们，教他们的人是正确的人（Aronsson，2004），意味着教师的作用必须得到发挥。有文献基于从业者教师反思，论述了大学促进创业教育的过程中不可或缺的是教师动力（Fernando等，2013）。多元化教师在创业教育项目中的合作能够促进毕业生创业。

6.1.3　建立创业服务的支撑条件

创业教育服务的支撑条件包括多个层面，教育和文化是创业蓬勃发展的两个非常重要的特征（Aronsson，2004）。在大学教育层面，创业服务的支撑条件有两个：一是创业学习的制度文化，二是成果转化的支持投入。而在政府、社会的外部层面，则是整体文化与政策环境的营造。

作为校内支撑条件之一，制度文化环境的营造是把握创业机会的关键，能够有利于发现个性特异的学生和建立有利于"异端"学生成长的环境。创业教育中常见的"厚积薄发、知识储备观"并非指创业时间上的积累和延后，而是指应该在适当时机能够把握机会利用优势技术取胜。从世界著名的创业者的经历看，创业者的才能往往偏向某一方面，创业者的特长很可能不在于学术研究而在于利用发明创造开拓市场。美国许多大学允许学生推迟专业认定，多修非专业课程，表现出注重学生成长的课程价值体现。课堂里的课程被称为"显性课程"，可包括教授的课目、学科知识、教学宗旨。与显性课程同样起作用的是"隐性课程"，即校园文化、风气、传统、价值观、对学生的期待，学生从中得到熏陶和生活方式的教育。大学毋庸置疑培养学生的知识和素质，但不一定确保创业成功，制度文化使得大学能够运用强大的学术传统优势吸收一批本身就很优秀的学生，学生最终成功的概率也高，这就是打造圈子文化的"马太效应"。

作为校内支撑条件之二，成果转化的支持投入包括在校内建立各类创业孵化器，企业与学校合作建立培养机构，发挥技术转移办公室管理服务的作用。促进技术成果转化的创业（主要在工学院、商学院等）成为创业教育的主流；创业的方法可以用于技术转移（Allen & O'Shea，2014；O'Shea等，2005）。学生项目进入校内预孵化平台，有专家对项目进行评估，为今后的创业之路把关，该评估应该且必须非常准确以免误判学生的前景，专家评估起到了阻止学生盲目创业、休学创业的功能。

国外大学的小专业大跨界以及较为自由的转系制度是一个很好的校内环境条件，但是各大学所处的外部环境不同，有的也并不利于创业，如哈佛大学的扎克伯格创立Facebook后还是搬到了硅谷去创业，显然那里的环境条件更加合适。政府层面鼓励创业真正要做的是营造创业的环境条件。在科技创业领域，首先设计和制造工艺要结合才能产生创造。所以技术制造的学习培训很重要，需要一整套的提升科研实力和创新环境的公共政策体系（王以梁，2014；赵金华，2014）。而寻求最低成本环境的模式在新经济下不再适用，因为还需高度重视技术和技能的获取，接近人才和其他企业的地理位置就特别重要。正如硅谷被称为"创业公司的栖息地"（李钟文，2000），创业的一系列成功结果都与大学紧密联系外部环境、尽可能影响外部环境有关。

6.2 创业教育运行的重要机制

对大学创业教育的机制问题学者们已有一些研究。如从性质和功能来看，大学的创新创业教育体系的运行机制主要有评价、激励和保障三类，而从机制的主体来看，则可分为外部与内部两类，其中评价机制主要是指大学内部的，激励和保障体系则指向大学外部（童晓玲，2012）。创业生态系统视角下的整体运行机制反映了各个种群之间的相互作用关系及因果联系，还有系统演进动力机制、风险防控机制等，从而系统性地降低创业过程中的风险（张玉利、白峰，2017；林嵩，2011）。创业教育是一个系统工程和长期过程，嵌入在创业教育供给中的是关于创业和创业精神的基本和多样的信念。这种多样差异造成了一些关键问题，包括创业教育应提供哪些内容、如何设置机构、向谁提供和由谁提供内容，反映出概念和哲学上的挑战以及制度能力。

本研究中创业教育运行机制构建从参与主体出发，基于案例研究和实证研究获得的关键要素结论，提出关乎学生、教师和学校的三条重要机制：分层分类的学生培养机制，多元化教师参与的动力机制，资源整合与分配机制。运行机制是各要素间相互作用的结果，厘清关键要素可以使决策者有重点地改进，运行机制一旦确立，又能促进各关键要素作用的发挥，以使创业教育体系更加完善。机制的建立，一靠体制，二靠制度。这里所谓的体制，主要指的是组织职能和岗位责权的调整与配置；所谓制度，广义上讲，包括国家和地方的法律、法规以及任何组织内部的规章制度。也可以说，通过与之相应的体制和制度的建立（或者变革），机制在实践中才能得到体现。

6.2.1 分层分类的学生培养机制

分层分类的学生培养机制的提出，一是基于文献与案例的分析，二是从实证分析结论看，第二层次的两个关键要素代表了两种不同的创业教育路径，所以需要构建分层分类的培养机制。创业教育分层分类的学生培养机制包括选拔筛选和广泛培养的双重作用。本研究的结果是分层分类的学生培养机制能够完善筛选功能，又能够满足普及创业教育的愿望。如图6-1所示，分层分类的学生培养机制纵向维度指的是年级或学生学习阶段，大学要区分不同年级的本科生和研究生的分层创业教育，广义的大学包括了专科学院等多样类型，更要区分学生的所学所想对创业教育效果的影响。横向维度指的是创业意向和兴趣，大学要加强学生的分类型（学科、意向兴趣）创业教育，不同类型学生的创业意向从低到高有所差异。两个维度交叉后，学生培养能够分层分类对应不同的创业教育项目或活动。

高 研究生

项目研究 创业参与 竞赛	成果转化为创业项目 衍生企业
基础课程 兴趣小组 社团 跨专业学习	创业班 社团 竞赛 兴趣小组 研究小组

创业意向

低 本专科   高

图6-1 分层分类的学生培养机制

创业教育内化过程中的筛选机制对学生而言非常重要。这里的关键质疑就是通过创业教育有可能很多学生变得更不愿意去创业，如引起热议的报道"创业先锋班无人创业"，正是反映了当前创业教育结果的常态，这样的创业教育很难被认为是有效的，很多教师据此认为创业教育是注重精神培养而非真正创业。创业教育通过传递有关创业的知识信息，从而引导学生发现和了解自己是否适合创业，并使有创业意向者更能够转化为行动。有研究表明，天生的创业者和非天生的创业者都是小部分，居中的可培养的是大多数。优先选择不意味着其他选择就不会成功，只是在一定的条件下做出了成为创业者或是职员的决定。筛选机制是为了使教育者和受教育者都能够更好地参与到创业教育中。对于在创业教育中如何科学有效地筛选出具备创业潜力的个体目前没有专门深入的研究，但在实际中经常有创业班、创业学院、创业竞赛等具有筛选功能的制度。因为这一问题系统而复杂，且极其重要，尤其对是否具有企业家天赋的甄别困难，需要更加细化的考量，分层分类的培养机制的提出亦是为此。

创业教育一方面必须要结合、依附于专业，另一方面又要能超越专业。不依附于专业，教育无从抓起，而仅仅局限在专业，则又会使得创业失去想象力和外部激励。如果学生不喜欢本专业，可以通过创业的学习在其他方面进行创业。在教学内容上，创业心理品质和意识培养，创业核心技能的培养，获取校外实践经验，都亟须改进，学生需求并没有得到满足。

分层分类的学生培养机制通过将通识教育、专业教育以及创业教育三者结合而达成。对于大学的高深知识教育而言，知识的体系和理论性要求很高。低年级的初步入门教育内容必定有具体的知识要求，并且以知识内容模式的课程为主，而与通识教育相区别的专业教育或职业教育也一定不能脱离实用目的，要求学生主动地掌握一些专业技能。科学教育就具备了这种实用主义的教学功能。大学的通识教育，旨在做到古今贯通、中西融会、文理渗透，同时关注创新创业教育。其中关乎个体成长发展需求的"人文教育"，由于其直接的"立人"目标，统摄其他科目的教学目标，不是比它们更精英、更高深，而是比它们更基本、更普适，更需要不区分未来的职业而在大学低年级时就提供给所有的学生；低年级本科生需要融合通识教育和创业教育，创业类课程由基础选修课、讲座、研讨会以及参加各类型社团、兴趣小组等实践活动构成，这阶段尤其需要提供跨专业学习的丰富途径。对于本科高年级以上的学生或研究生而言，创业教育的途径转变为以行动为主的项目学习、研究学习和成果转化。这个阶段需要的支撑条件极大地有赖于大学创造的外部联系。

分类筛选过程中，创业教育以往只提供给已经被认为是"学术精英"的人，学术能力是前提，这个筛选可能也不那么准确，所以要照顾到那些没有选上的同学，仍能拥有创业学习的机会。分层分类的培养机制让创业思维最大化。创业思维包含了各种教育旨在教授的许多东西，它创造机会、确保社会正义和促进经济。创业教育的核心是创业思维培养，创业教育使所有社会经济背景的学生受益，支持学生的非常规思想和才能，这些是今天的学校基本缺乏的。创业教育使学生间获得更公平的竞争环境，因为有许多学生在传统的学术环境下可能没有那么成功，但他们有不可思议的创业精神和技能，将有利于胜任任何领域和职业。选择创业而不是学术追求的学生面临的风险程度一般更高，分层分类的培养机制使得学生可以因人而异降低这类风险，同时又不让一个学生掉队。

6.2.2　多元化教师参与的动力机制

本研究提出多元化教师参与的动力机制，首先是因为在国外两所大学案例中有较多体现；其次，在基础层的"教学体系"和"研发"两大关键要素中都涉及教师的作用；再次，在调研中发现，国内大学创业教育教师来源越来越多样，激发教师的动力成为创业教育有效开展的前提。

多元化教师创业教育已经扩大到管理以外的各种学科和研究领域。然而，研究者们较少注意到参与创业教育的多学科教师的动机和实践过程。有研究探讨了驱动一个多元化教师团体参与正式创业教育的因素，大学教师面向教育、经济和社会成果的创业活动，以及多样化的学科和学术领域都受益于创业精神（Mars，2007）。理工科教师容易接受将创业原则融入他们的专业和学术实践；社会科学和人文科学教师的创业活动与他们的学科兴趣相关，大多关注于社会创业。这些教授参与创业教育，是作为社会和社区发展的创新途径，而不是努力创造和积累金融财富。换言之，经济发展的潜在社会成果使这些教授参与创业教育。已有文献和调研都发现，通过与大学支持的创业活动的联系来追求稀缺的资源并不是教师参与创业教育的主要基本动机。这就带来了如何激励教师开展创业教育的问题，必须从谁来做、做什么和怎样做得好三方面来考虑。

参与创业教育工作的教师类型主要分为商学院主导的教师、其他院系的教师、校外引入的企业家指导者、部分校友等个体，师资团体中还应包括学生之间的相互学习和上下传承关系。动力机制中聚焦分析各个学科教师的合作参与、企业家及校友的参与。

教师开展的创业教育工作主要有创业研究、创业教学指导和带领学生将成果转化为创业项目三类。依照之前的创业教育关键要素构成分析，大学最终还是应该依靠研发来进行创业教育，而非依靠市场营销类的创业模式，方能突显大学的独特教育价值。创业研究的主要力量是大学的商学院教师，其动力来自于越来越具有合法性的创业学科。而对于其他学科教师，创业研究在慕尼黑工业大学则被认为是包括创业转化相关的研发，而其他大多数学校非商科教师还不具备创业研究的主动性。只有在具备强大的师资和高度丰富完善的课程体系的情况下，才能做到通识教育/专业教育与创业教育的结合。访谈中有教师认为"创业氛围会带来浮躁，人人都要创业，安心留在学校做研究的人就少了"，但是在宽容的环境之下，创业与研究之间也不矛盾。教师和科研人员都非常注重自己的学术研究事业，能找到创业机会的毕竟是少数。教师进行创业尝试工作有正面价值，是否能长期作为主业却因人而异，因为创业的确会占用有限的精力和时间。适时从创业活动抽身对教师和学生却都最有益处。这个关系的处理应该通过制度加以明确，设定一些基本原则即可，就能协调好各项工作。

大学教师开展的项目研究和创业转化工作，包含产学研合作、科技成果转化、技术转移、技术创业这几个层次。真正的创业项目是创业教育与技术转移之间的桥梁（Lackéus & Middleton，2015）。作为促进实际创业的举措，引入企业家创业指导教师也很重要，但是很多企业家没法参与到教学中，原因在于动力机制不明确，还要考虑企业家与创业项目的匹配性，他（她）是否能提出切实的建议。作为普及性的创业讲座教师，则可以选择的企业家范围更广一些。大学的技术转移、产学合作不外乎几种模式，但是国内大学的教师创业还停留在理念阶段，有的大学甚至不公开正式地加以提倡，国外大学已经是步入实践阶段，关键是如何更好地进行制度安排。科技人员创业在清华大学的新闻和公告中都没有突出体现，在浙江大学受到一些研究关注也有校内政策涉及，但仅作为一种目标导向和理念，实施过程还面临着许多的难题。

为了让更多的学生在大学体验创业教育，需要解决创业教育工作者人数严重短缺的问题。结合专业的创业模块这类教学方案设计吸引了来自非商业学科的教师，并发展了他们作为创业教育者的能力。在创业教育教师队伍构建上，研究发现，要加强学生加入或组建创业团队的机会，明确需要进一步纳入初创阶段校友创业者和具有创业经历的指导教师两类师资。一是在数量上增加，二是在指导质量上进一步提高。相对而言，企业家导师与同伴之间相互交流学习的改进迫切程度稍低。从访谈看，企业家导师与创投导师对学生的指导意义并不如前面两类，因为其离学生所处的阶段较远，不能真正地面对学生的特有问题，这方面初创阶段校友和本校具有创业经历的指导教师更能走进学生的"心里"，他们更加了解学生的状况和需求。同伴之间的相互交流学习很重要，机会相对来说更多，问题是"谁可以成为同伴"，找到互补的同伴关系是需要一些"机缘"的。有创业经验的高年级在校生的指导在学生看来也容易获得，但还可以更广泛和深入。《中共中央、国务院关于深化体制机制改革 加快实施创新驱动发展战略的若干意见》提出"允许高等学校和科研院所设立一定比例流动岗位，吸引有创新实践经验的企业家和企业科技人才兼职。试点将企业任职经历作为高等学校新聘工程类教师的必要条件"，有学者认为（杨斌，2015）这开启了一个重要的制度可能，就是大学在事业编制外设立实践系列的教师队伍，引入企业家、工程师、设计师、律师和高管等，让他们完整地设计教学并讲授课程，这种制度改革才可能真正打通产学界限，并提高专业教育和创业教育质量。

对于创业教育被嵌入非商业院系，这些部门的教师需要对本院系创业教育模块具有所有权或掌控力。跨院系合作设计课程是所有权的起点，专业内创业教育工作者经过至少两年的"实际"渐进式参与才能增强课程的最终所有权，从新手创业教育工作者到熟练的创业教育工作者，其能力和信心会有很大提高。本专业的教师最终要对学生的创业课程负责，而专门的创业指导教师是帮助支持这些专业教师掌握创业教育教学法。大学在选择创业教育工作人员时依据自愿原则，选择成为导师的自由是创业教育教师多元化成功的基础。创业教育者必须有面对风险的个人素质，在许多情况下，向同事和学生展示的并不总是"正确"的答案，甚至没有"正确答案"，所以教师在发展过程中将自己置于共同学习者的地位。

大学的管理主义与宽容的创业氛围以及教师的治学权力之间有一定张力。创业教育还在一个学科地位模糊的阶段，但是创业教育不应该执着于学科发展，教师的动力并非一定来自学科的要求，而可能来自值得关注的跨学科领域问题，并可能变为常态问题。激发教师参与创业教育的动力，还需要教师培养、选人、留人、激励、服务、流动等具体机制的配合。

多元化教师参与的动力机制可能框架如图6-2所示：第一，在招聘教师时看重教师先前对创业性原则、战略和活动是否存在兴趣，以兴趣遴选建立多元化的教师队伍。第二，通过在大学内拥有相对稳定的专业地位和终身教职，最小化参与学科边界之外的创业工作的相关风险。第三，让每个教师参与者的现有专业活动与创业活动能够融合接洽，这点对工科和商科较为容易。动力机制与利益以及风险相关，企业家的一个特征是愿意承担计算的风险（Drucker，1993），教授通过参与创业教育而承担了一些风险。参与需要分配稀缺的时间，做出课程教学让步，并鼓励学生探索在学科边界之外的市场机会。这些风险通过参与者的终身教职变得最小化。最终，创业教育与经济发展这一体制优先事项紧密相联系，作为在校园内获得学科地位与政治合法性的手段，参与创业教育的教师获得成就感和意义感。创业氛围使创业教育成为教师寻求自我定位的工具和使他们工作更接近体制核心。这种制度上的协调对社会科学家和文科教师特别重要，他们参与的创业教育是独特的，具有非市场导向的学科规范和价值观。

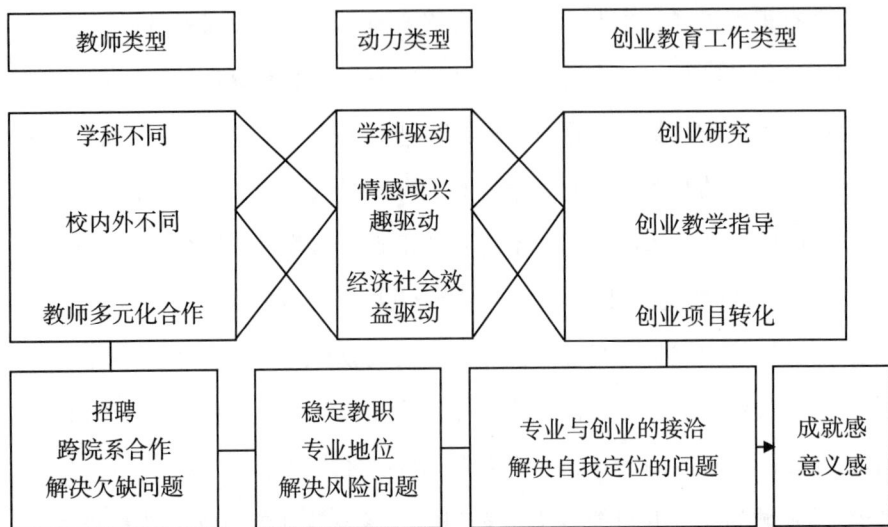

图6-2　多元化教师参与的动力机制

6.2.3　资源整合与分配机制

在涉及学生和教师的教与学的主要机制之后，辅助创业教学的条件和资源就提上了分析日程。资源整合与分配机制在国内外四个大学案例中都有相当多的体现，基础层和中间层的关键要素相互之间的联结就是资源的整合与分配。根据调研，创业教育过程中资源的整合和分配最为学生与教师所关注，资源的整合与分配机制关注几个问题：有哪些资源？谁最需要?谁去获得?是否竞争性和稀缺？用图6-3来简要示意这一机制。

创业教育资源主要指教育资源和创业资源两类，资源有校内外的区别，其核心机构是大学创业教育中心（Zahra等，2011），发挥了对各方资源整合的作用，同时各利益主体对于资源存在一定程度的竞争关系。"研究与开发""成果转化的支持投入"这两个关键要素偏向于创业资源，"教学体系"与"创业学习的制度文化"两要素则偏向教育资源，教育资源和创业资源并不绝对分离，有时会互相转化。

图6-3　资源整合与分配的机制

全校性创业教育中心的实际构成、作用范围在每个学校会有所不同，但须具有联络中心、信息中心的作用。对应于全校协同机构，院系部门所发挥的作用也会有所不同。大学对社会资源的协同包括横和纵两个方面，前者指横向多元主体的整合，包括政府、企业、中介机构、科研院所、海外产学研对象等，后者指纵向活动链条的整合，包括从知识创造、知识传承共享到知识进一步开发，或者是从招生、培养到毕业生和校友网络的搭建（吴伟，2015）。围绕着创业活动的促进，政府、社会、大学等都发挥各自的作用或联合起来产生更大的作用，创业环境被作为一个生态系统加以看待。"全球创业观察"指出的创业生态系统中影响创业的环境要素包括11个，即创业融资、政府政策、税收和官僚体制、政府程序、校内创业教育和培训、离校创业教育和培训、研发转化、商业和法律基础、内部市场动态性、物理和服务类基础设施条件、文化和社会规范。校内创业教育若作为一个单独要素，则也是其他要素的环境要素。

就教育资源而言，侧重整合功能，最关切方是学生。本研究的教育资源体现在物理设施、机构建设、制度文化建设、师资安排、课程或学习机会提供的要素上，属于管理和组织因子，大学对教育资源的整合还意味着拓展和最大化，使创业资源转化为教育资源。大学引入天使基金、风险投资等与申请入驻创业孵化基地等要素是外部引入或内外结合的资源，调研发现，改进空间进一步缩小与学生需求变小有关，也与其获取需要竞争性有关。在非竞争性资源上，大学需要进一步做整合与共享的分配协调工作，建立协调中心，教师作为人的要素也是学生的资源要素，尤其是外部引入的企业家校友师资；而对于竞争性资源，只能通过一些制度措施使其分配的公平性、科学性最大化，如创业教育精英课程、孵化项目筛选。竞争和非竞争的特性根据不同情境可以产生转化。学生会主动扩展资源，也希望大学提供更多的可选择的资源，但大学不可能做到无限丰富，所以积极愿意参与创业教育的部分学生会获得更多的资源。

就创业资源而言，主要的关切方受限于学科性质，部分接近市场的学科人员更容易获得，学生尤其是高年级以上学生也会涉及，更多的情况是教师和大学为学生争取到社会创业资源并尽可能为学生所用（马君，2012）。工程师和材料科学家参与创业教育的基础被描述为典型的创业主义，这些学者的研究资金、创新和商业故事反映了当前经济由高科技知识推动的本质，这种当代或"新的"经济是市场不断渗透到高校的主要动力（Slaughter & Rhoades，2004）。工科科学家与新经济的密切联系通过技术市场很容易得到认可，工科教授一致描述了他们参与创业教育的共同利益。学生也能从创业参与中获得多种好处，创业教育纳入STEM等专业课程能够加强学生的创业技能和就业竞争力，创业教育也成为教育学生知识产权、专利等相关知识的有效途径。在一定程度上，创业教育中心通过创建和管理与私营部门投资者和风险投资家等联合的网络，为大学内启动创业项目创造了必要的投资资本来源。在熊彼特看来，金融贷款之类的资本运作是创新的动力和基础，这就是大学需要建立创业基金的原因所在。推动扩大技术转让活动和从大学推出衍生公司的数量是一个非常明显与经济发展有关的制度优先事项，所以大学创业教育中社会创业资源的整合与分配就显得愈发重要。

大学有必要建立一个创业教育中心。创业教育中心工作人员的主动性对开展创业教育工作非常重要。有的人员具有积极拓展的意识，构建了与院系教授们的联络通道，并且时常举办创业相关的活动和研讨会等，这使得中心充满活力并卓有成效。创业教育中心还可以设立大学各院系部门的兼职创业联络人，使得信息更加通畅，网络时代丰富的技术手段能达到实时传递的效果，但是往往大量信息下反而又使得创业对接工作变得低效。

不论哪个学科的教授，通过他对创业教育中心的认识和联系都可以有助于实现个人经济性或社会性的收益。社会科学和人文科学教授参与创业教育使现有课程多样化，对学生更有吸引力，并使自身与经济发展这一制度优先事项接轨。然而，这些教授的创业动力来自推动社会变革。社会科学家和文科教师利用与创业教育中心的关系来支持其社会实践或实验，并甘愿冒风险，风险有两点：一是将创业纳入社会科学和人文科学课程可能削弱学科的重点，二是将创业纳入既定课程可能导致学生从"冷门"学科转移到更加市场化的学习领域。风险造成了一些学术资源竞争的状态，对于人文社科教授，参与创业教育同样是创新创业的工作，并且他们往往还具有对学生和教学在某种程度上的使命"情怀"。创业教育资源整合不可忽视这样的学科差异影响。

资源分配与整合机制的要点是：（1）建立创业教育中心，强化对教育资源的充分利用，但不是一个管理主义的森严机构，需要吸收各院系各学科多元分散的创业教育力量。（2）选择合适的创业教育中心的工作人员，数量不在多而在于对创业教育工作的理解和热情。（3）依靠多元化的教师和激励机制扩大引入教育资源，以非竞争性为主向学生开放，但在有限的资源下，结合竞争性原则，资源的获取要依靠学生个人的积极主动。（4）鼓励学生和教师可以自由吸引创业资源，并竞争获取校外创业资源。

6.3　创业教育有效运行的策略

根据研究发现的关键要素和重要机制，创业教育有效运行的改进策略按教育推进的主体来分析，主要是大学层面的策略、政府和个人层面的策略。社会问题的危机研究表明，当今经济社会的合法性危机源于系统整合的失调，规范结构的共识遭到了破坏，社会变得失范。但系统本身不是主体，只有主体才能卷入危机。系统因素可以改变，但系统本身不变，系统因素与结构必须区别，危机不是由于环境的突变而是结构固有的系统命令彼此不相容，不能整合（哈贝马斯，2009）。所以创业教育所面临的危机是自身不能培养人才，需要从主体入手进行改进。本书所提的仅是可以针对我国大学创业教育的重点策略。

6.3.1　大学层面的策略

（1）跨界合作策略

大学创业教育的学生培养机制、教师动力机制和资源整合机制都需要有跨界合作策略。跨界合作意味着开展全方位交流，校内是师生交流、学科交流、年级之间的交流，校外是产学研的交流合作、校际交流和国际交流。当今创业范式正进行着飞速的革新：资本市场更加开放，创业群体更加广泛，创业要素集聚更加便捷，创业周期缩短。创业往往会突破学科的界限，呈现出交叉创新态势。创新活动（从基础到应用）、人才培养（尤其是高层次卓越人才培养）、成果转化（包括孵化支撑、创业服务）之间的联通越来越频繁和普遍。大学在培养创新型人才方面的基础作用日益显现。在创新与竞争力成为各发达国家经济政策和产业政策主要内容的背景下，大学再无法以象牙塔的姿态存在，这些大学不断增强与外部世界的互联，大学的本质和功能要重新界定。去中心化共同参与的大学治理结构成为必然（黄兆信等，2015），跨界交流合作成为重要的创业教育策略。

合作的策略需要政府、高校、社会三方协同促进大学生创业。政府对大学创业教育发挥的作用在斯坦福大学案例中可以看到是以间接的引导政策为主，很少直接作用于高校，这种宽泛而非直接的干预给予了高校教师和学生自由探索的空间，使得合作更加协调；而社会、市场与企业对大学创业教育的影响通过资金、参与教学直接体现，这种密切关系的基础通常是教师个体的影响力。就校外合作而言，大学要建立不依靠个人的常态校外合作机制则需要建立创业教育中心之类的机构。

大学内部跨院系合作已有相当多的研究，对创业教育而言跨院系合作有天然基础，因为研究发现创业活动所需的知识和能力本身是跨界的。斯坦福大学案例研究获得的启示是需要注意人文学科与创业教育的关系：一是不能认为创业与人文学科无关，二是技术创业者仍需人文学科的学习积淀，三是人文学科内在的自由精神是构成大学整个创业文化氛围的重要支柱。目前许多学者认同创业教育应该融入专业教育的理念，实质上表明专业教育在高等教育中过于强化，对知识跨界、学科跨界、人才跨界有不利影响。

大学创业教育工作应该在学校层面加强统筹，尤其是一些项目示范性很强，已经形成了较好的社会影响和社会服务功能。通过搭建校内协调机构平台，如创业教育中心，成为联通院系与学部、学校与企业、学校与社区的桥梁，使得学校、企业和社会都能从中获益。创新创业之所以成功，靠的是把不同的团体整合在一起，并且对不同的实践活动以及不同的价值体系进行协调，在不同主体不同活动间跨越知识的鸿沟，这个过程会遇到很多阻碍，创业教育跨界合作策略有助于减少和克服这些阻碍。

（2）创业教育国际化策略

从国外两个案例看，大学越来越注重培养学生的全球视野，并从全世界招募多样化的教师，我国大学在不断提高国际学术地位，促进创业教育方面同样有必要采取国际化策略。

大学的创业教育国际化策略主要体现在六个方面：一是创业教育各方面主题的国际比较。除了 GEM、GUESSS 等大型全球报告（Sieger，2016），各类创业教育国际会议都有宏观和微观层面的国别比较。二是联合国际机构或国外大学共同开展创业教育项目，各个大学开展的这类项目越来越多（Winkel，2013）。三是建立联盟类的跨国机构。这类机构加强了创业教育资源的整合与共享，也有助于大学扩大创业教育的影响力。四是开展海外实习或交流形式的创业教育。这类国际化策略通常包含在特定的创业教育项目中，如斯坦福大学的梅斯菲尔德计划、慕尼黑工业大学的CDTM 技术管理项目。五是培养学生的全球视野。我国大学学生较为欠缺全球视野和领导力，对现实和未来的创业都非常不利。改善途径为请国际知名学者授课，学生交流项目、学习内容加入全球知识，创业大赛引导学生关注全球性、革命性创业项目并重视开发"创业领导力"。六是面向全球引进长期的多元化的教师，这是全球人力资源竞争的一部分。

创业教育国际化策略对于学科本身制定质量标准或者评价标准有一定

作用。如南开大学与英国创业教育者协会（EEUK）等的合作，中英两国制定创业教育的标准和实践方法旨在确保教育机构内部的一致性，并促进两国区域城市的发展。[①]由此可见，创业教育需要国际化合作，区域化、全球化对创业教育的影响在未来会更多。

（3）适当的创业服务的优化策略

创业服务是针对师生创业活动的，但教师和学生的创业服务策略不同，教师创业的目标、资源、风险都不同于学生创业，本研究主要针对学生创业服务提出优化策略，这与创业人才培养机制相关。

创业活动是由内而外的个人作用于外部世界的过程；教育则是人的社会化过程，相当于外部世界不断影响、内化到个体的过程。这两者的相遇必定会在基本的哲学层面带来冲突，学校就是中介与缓冲。教学服务、孵化服务、技术咨询服务、实践活动开展的服务支持都是服务的策略，但大学的创业服务不能过于全面与直接，而是作为中介间接地服务。大学生的创业最终需激发学生内在主动性，保姆式的全程服务反而不利于培养创业精神。本研究提出的创业服务是适当的、优化的服务，并非面面俱到，另外应该让学生组织起互助和自主管理的共同体，这在浙江大学的ITP创业强化班中有所体现。

谁来做创业服务是一个核心问题，教授与科学家一般要忙于研究，而像创业教育中心类协调机构可以采用选取一部分一线教师作为"创业大使"或创业引荐人的方式，扩大创业服务网络。这样的教师有可能是快退休或已退休的资深教师，也可能是对创业有较大兴趣的年轻教师，总之大

---

① 2016年3月，英中贸易协会、英国驻华大使馆、天津市教育委员会、英国创业教育者协会（EEUK）以及南开大学在天津共同举办了一场关于制订加快中英两国学习、创新和区域发展的大学创业教育策略的高层论坛。http://ibs.nankai.edu.cn/n/2401.html

学要通过各种正式方式认可和尊重其工作，如此才能有效推进创业教育。

　　创业服务的整体构建必须围绕创业者需要，将理论研究、学习与实践融为一体。青年学生参与创业对整个国家和社会的创新系统和创新生态有独特的贡献价值，对学生的创业服务是引导功能与学业管理相结合。学生在创业时，受到条条框框的影响小，风险虽然比教师创业更高，但其生命力却更旺盛。大学在引导学生创业时，不该着眼于生存型，也不能满足于简单的机会型，而更要鼓励志趣型，允许并包容学生的异想天开、挑战权威和冒险精神。"大众创业、万众创新"需要教育者和教育管理者突破限制，尽快改革一些现有的教育管理机制体制。如：设置认可学分的在线课程，丰富专业学位的学位论文类型，真正认可创业成果，更加面向实践（杨斌，2015）。对于有创业意愿的学生，需要将其理论学习、研发和市场推广实践活动相融合，这种情况下活动时间的分配与普通学生不同，通过学生管理制度的优化满足他们的需求。

6.3.2　国家层面的参与策略

　　本研究所关注的创业教育运行机制实质是大学内部的问题，但是外部环境影响非常重要，所以需提及国家层面参与的策略。政府自上而下大力推动创业，对创业教育是一大鼓舞，但也不乏担心片面强调短期效果而忽略创业教育的本质，创业教育目标绝非仅仅为了缓解就业压力。政府设立的终身学习议程和创业型经济的政策文本等，意在增加世界一流的科学技术的开发和商业化。这里的隐含假设是，大学教师（学术人员）和学生将需要创业导向的技能和行为，以便能够将研究成果用于新的创业，由此需要通过更具创业性的课程项目来增强学生创业能力。

　　在专家访谈中，多数专家提到了在国家层面适当建立专门性的科技创业服务机构，为具有科技创业取向的大学生重点提供全方位的服务。Stevenson 和 Lundstrm（2001）构建的创业政策衡量框架细分为创业促进、创业教育、创业环境、创业融资、创业支持和目标群体战略，国家对创业教育的支持要同时考虑上述的另外五点内容。在知识经济时代人们从生活中进行学习，营造创业型社会的氛围，创业教育具有至关重要的作用。如美国、欧盟、英国的各类基金会和政策提议对学术界从事创业教育提供了动力和支持。我国在国家层面出台了不少鼓励教师创业和科研人员创业的文件，更重要的是国家需要投入创业教育的基础设施、资金，进行外部环境营造，制定法律和金融等有利于新创企业的规则（王巍，2011）。

创业教育的资金来源包括部分相关的研发资金和创业教育基金专项捐赠。研发是创业教育的基础要素，我国大学研究的资金来源中国家投入相对较多，对社会和企业捐助的吸引力较小，原因可能在于国家没有税收鼓励、大学没有足够诚意、财务制度不够透明，外人不清楚大学有没有做出最好的研究，有无尽到科学传播和普及的责任。大学创业教育的社会捐赠，资金管理机制上第三方机构缺乏，基金会被校友会取代。国家政策在这方面需要借鉴发达国家的机构建设经验。

Monitor Group（2009）的创业者调查提出，很多传统的创业政策没有发挥实效，是因为没有真正满足创业者的实际需求。区别于减少创业过程行政负担、建设孵化器、加大风险投资等传统政策，调查指出四个方面政策对创业成功具有更重要的意义：一是提升创业意识，包括树立正确的创业价值观和态度；二是在不同教育阶段提升创业技能，这是创业成功非常重要但确实往往被忽视的决定性因素；三是提供系统的融资政策，而不仅是获得风险投资，尤其重要的是种子和天使投资，以及高效的股票市场和鼓励企业上市的条文规定；四是减免税收和提供创业激励，出台鼓励研发成果商业化的政策。第一、二两点对应于以学校为主开展创业教育。第

三、四点则是如何利用和培育地区环境（Drakopoulou，2012），是在国家层面的参与策略。

国家政府层面对大学创业教育的参与策略要点是：注重做好前提性的基础设施建设、创业外部环境营造等涉及经济金融方面的服务工作，减少对大学创业教育具体运行的直接规定，通过宽泛的政策建议来激发和鼓励大学的创业教育和创业促进活动。政府、市场、大学三者的关系在创业教育过程中会面临诸多矛盾，总之，政府致力于为大学和师生打造宽容自由的创业氛围才是最有利于大学创业教育成功的举措。

6.3.3　个体层面的参与策略

创业教育的个体层面最重要的是学生，他们对创业教育的参与需要有明确的认知。首先是关于创业学习的目的。创业可以作为学习的手段，也可以作为学习的结果，如果发现最终希望自己成为创业者，那么学生的参与策略就要随之改变。创业学习的目的是使学生为生存和成功做好准备，"以自给自足的态度发展成为进取型的人"（Cotton，1990），并且可能在未来创造和管理独立小企业。创业学习旨在培养那些"能够创新，识别和创造机会，承担风险，做出决策，分析和解决问题，以及清晰有效地传达他们的研究结果"的毕业生（Garavan等，1994）。私营、公共或第三部门的雇主也"通常寻求不仅具有特定的技能和知识，而且具有积极主动性，以创造性和自主的方式看待和应对问题的能力的人"（DfEE，1997）。

其次，学生需要尽量了解创业学习的内容。创业教育的内容有些是教师能够帮助提供和指出的，而需要真正内化到学生个体的"知识"内容很多时候需要学生自觉发现，这些被称为创业的隐性知识或创业软技能。创业知识、技能、心态和特质四个方面对创业者影响重大，特别是知识对公司的运营非常关键，因此创业教育要注重传统管理教育方面的内容（Hood & Young，1993）。特质是无法改变的，但是天然不适合创业的人仅是少数，绝大多数人可以通过后天习得（教育是习得的途径之一）变得更会创业。创业知识具备的程度对创业产生影响，虽然对个人进行创业非常重要，但是知识过度会引起厌恶风险的行为，从而降低创业行为的可能性（Kuratko等，2015；Baumol，2009），所以具备何种知识，以及知识怎样才不会过度与浪费，学校教的知识与最后的个人能力之间的转化（Oehler & Höfer，2015），这是创业教育需要研究的问题，这也与具体的创业过程有关。考夫曼基金会资助项目的研究成果显示，成功的创业者必须具备的能力有个体的创新能力、策划能力、组织能力、指挥能力、控制能力和协调能力等（张昊民、马君，2012），"21世纪"的知识、技能和能力概念被提出，其与创业胜任力之间有重叠，重叠之处成为重要的教育内容（Boyles，2012；Löbler，2006）。

再次，学生要主动掌握创业软技能的学习方法。创业软技能学习的途径有：解决问题，做事，机会掌握，试错，来自教师和潜在客户等其他外部利益相关者的反馈，吸收他人的想法，同伴互动和个人反思等。在同伴小组内工作所获得的学习尤其重要，因为技术创业很少单人完成，而其他创业类型也需要团队。学会团队工作对于基于知识的业务启动至关重要，学生需要建立创业学习共同体。调查结果发现，我国精英大学的学生其创业的隐性知识中缺乏一部分脚踏实地的草根精神与不放弃的特征（如阿里巴巴企业当年没有著名大学的毕业生愿意前去），以及较少冒险的特征，而具备另一些隐性特征如热情、有决心等，针对于此创业软技能的学习要有所侧重。创业学习与其他专业学习不同，学生们更不清楚对教学内容和方法的期望，尤其是低年级的学生，这与我国大学生理想志趣确立较晚有关。创业需要理想，理想的寻找和塑造需要许多的经历，有经历才有思考。美国人不少是在中学时代就找到了理想的所在，而我国青年大多数是在工作之后才找到，换言之，接触社会太晚太少。美国高中生很多就在做兼职，早就有工作体验，而我国中学生们都在应试背书，问题皆有标准答案，无需自己的见解和创新精神，没有社会经验，抗压和抗失败的能力很低，由此也不具有冒险的精神。创业本身就是一个未知数，中国大学生都是在走设计好的路线，不敢走有风险的道路。根据"最近发展区"理论，学生应尽量自己"跳一跳"而达到具体某一相对较高的目标，大学的创业教育在软技能培养上要注意到这些学生的特点和优势，让学生主动去实践和行动，通过体验而将创业的外部信息内化为学生自身的知识和能力。

学生的创业学习经验对他们的个人信心、沟通和表达能力的影响非常积极，提高了他们对决策和与他人合作的理解和能力（Hanne，2011）。从根本上说，经验为他们提供了宝贵的洞察力，帮助他们了解自己的特点、行为和态度。学生们一直对经验带来的实践技能和商业技能表现出热情，能够用在工作面试中。总体上感觉创业教育是一件创新和令人兴奋的事，并且选择参加创业相关试点项目和课程的个人风险以各种方式得到了回报。当然，创业是一个极其不确定的过程，经验和训练有素并不一定是冒险和尝试创新的助力，有的时候反而是阻碍（就像大企业大投资人不敢去投资看似风险很大的项目一样，反而是没有经验的民营小公司投资了），经验训练不保证获取成功，但学生仍然需要自己主动拓展经验训练，创业成功可能来自于隐含的经验，而且要有一个好的环境包容这种风险试错。总体上，创业学习的个人策略要点是明确学习目的，参与团队合作，通过实践和行动多积累软技能，对于创业学习进行反思，最终形成自我的理想志趣。

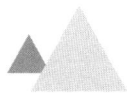

结论与探讨

我国大学开展创业教育的历程将近二十年，产生了许多经验，也仍然存在很多问题。通过文献分析、案例研究以及实证分析，本书主要回答了大学创业教育体系构成要素是什么，哪些是关键要素，以及如何建立合理有效的机制和策略来保障创业教育体系运行的问题。创业教育运行机制是指创业教育体系的各个构成要素（包括教育体系内的要素以及与其运行密切相关的其他社会经济因素）之间相互联系和相互作用的工作方式。运行机制所依托的组织模块或构成要素，其中某些要素显得更重要更关键。

书中案例和理论研究得出了大学创业教育三个层次的要素。案例为四所国内外一流大学。斯坦福大学的创业教育最大的组织特点是通过其理念与目标、师资与课程、支持网络等要素构成了网状布局，使校园的每个角落都充满创业的气息。慕尼黑工业大学的创业教育总体上具有显著的围绕核心运行的特征，不论在理念还是组织管理上其核心点都非常突出且明确。清华大学创业教育通过相对松散的"多点"努力来致力于达到学术型、专业型人才相互促进，专业和创业互相融合，运行过程中有明显的学生分类培养机制。浙江大学创业教育具有典型的多层平台协同机制。国内外四个案例大学的创业教育要素层次类似，但是侧重点、细节表现和每个层次的影响力大小不同，相互之间的作用关系也不同。

本书基于访谈和问卷统计分析方法，对案例研究得出的三个层次要素进行验证，努力使提炼出的大学创业教育关键要素明确而可靠。大学的关键要素构成可以归纳为三个层次五大要素，分别是顶层的"创业教育目标"要素，中间层的"创业学习的制度文化"和"成果转化的支持投入"，基础层的"研究与开发"要素和"教学体系"要素。

对创业教育关键要素之间的关系和相互作用进行梳理，再对创业教育三个层次五大要素进行关系归纳，凝练为关键要素的三个核心要义，分别是澄清创业教育价值观、区分实践和行动导向的教学风格、建立创业服务的支撑条件，这三大要义指导着机制与策略的建立，是机制得以构建的前提。创业教育运行的三个主要机制是分层分类的学生培养机制、多元化教师的动力机制、资源整合与分配机制。

实证分析发现，不同年级不同学科的学生，背后体现的个体特征不同，对创业教育的接纳度和成长影响也有所不同。意味着创业教育更需要采取不同的措施，分层分类递进式地开展。分层分类的学生培养机制包含完善选拔筛选功能和普及创业教育的作用。分层分类的学生培养机制纵向维度指的是年级或学生学习阶段，横向维度指的是创业意向和兴趣，两个维度交叉后，学生培养能够分层分类对应不同的创业教育项目或活动。

多元化教师的动力机制从谁来做、做什么和怎样做得好三方面分析。对参与创业教育工作的教师类型、创业教育工作和动力类型进行剖析，分别通过招聘遴选解决教师欠缺问题，通过专业地位和稳定教职解决教师创业参与的风险问题，通过专业活动与创业活动接洽解决教师自我定位问题，最终使参与的教师获得意义感和成就感。

资源整合与分配机制关注有哪些资源，谁最需要，谁去获得，是否竞争性和稀缺。该机制的要点是建立创业教育中心；选择创业教育中心的工作人员；依靠多元化的教师和激励机制扩大引入教育资源，以非竞争性为主向学生开放；鼓励学生和教师自由吸引创业资源，并通过竞争获取校外创业资源。

创业教育有效运行的改进策略必须依靠创业教育推进的主体。本研究提出创业教育有效运行的策略分为大学层面的策略、政府和个人层面的策略。在大学层面有三大策略，分别是跨界合作策略、创业人才培养国际化策略和适当的服务优化策略。在政府层面，对大学创业教育的参与策略应该注重做好前提性的基础设施建设、创业外部环境营造等涉及经济金融方面的服务工作，通过宽泛的而非具体的政策建议来激发和鼓励大学的创业教育和创业促进活动。在个体层面，学生创业学习的策略要点是明确学习目的、内容、方法，参与团队合作，通过实践和行动多积累软技能，对于创业学习进行反思，找到自己最大的理想兴趣。

以上对本书的一些结论做了总结。本书提出的创业教育运行机制和当前大学发展诉求有紧密关系，但可能也会存在对关键要素的提取和运用的瑕疵。首先，案例研究中如果条件允许，应该扩展大学案例范围和个数。除了欧美发达国家外，在其他国家也存在很好的创业教育案例；我国的大学中也还有很多其他大学创业教育案例，限于篇幅和精力并未加以选取更多。其次，教师的研究不仅仅依赖访谈和个别案例，可以增加更广泛的问卷调查，并与学生的问卷调查结果作比较。再次，"大学"这一总称之下其实还存在更细化的类型，本研究所关注的对象多为综合性大学，选取的是最为典型的案例，可能会忽视一些大学创业教育的差异点。如果未来有可能，希望能够与普通高校中的其他层次学校进行细致对比。

与国外的不同，我国国家与地区创业政策与大学政策是高度一致且有共同交叉点的，但是有的政策执行非常好，有的可能还需要其他调整。创业教育需要进行国内外的对比以及国内大学间的对比，在今后的研究中还能进一步加深，并且与国家整体的社会经济环境、政策氛围相联系。

创业教育运行机制最重要的是激发学生和教师的积极性，否则学校无论进行何种顶层设计都无效。大学要在自己的学科专业领域内有深度的研究，这才是吸引到企业的关键优势，是能够带给企业的财富。大学努力为学生创造多元性的体验的目的，是帮助他们意识到人类发展过程中多样的需求，并在学生心中埋下一颗创业种子，能在未来某个时候激发。多元化教师的动力机制、资源的整合与分配机制是创业教育中非常重要的环节，针对其中大学间、院系间、教师间、学生团体间各级别的合作竞争关系其本质根源、应对的策略还可以进一步深入研究。在微观教学层面，学生创业的软技能学习方式方法值得进一步探讨，在本研究中，微观的教学问题并未给予太多关注。大学教育中提供的创业活动有所增加，但是对于支持这些活动的教学法的适当性和有效性却没有多少讨论。

　　大学的创业教育价值观或目标可能呈现多种的表象，本研究发现首先关注的应该是创业思维和能力培养，而我们所期待的更高目的也许是个人价值的自我实现，以及更广阔的对整个创新生态系统的积极影响。不论哪种目标，首先是创业教育改变个人，才有创业改变世界。创业教育就是一种有特殊意图的普通教育，既不归属于通识或人文教育的范畴，也不归属于专业教育。最终，与其称创业教育为"应融入专业教育"，不如称它是创业教育"融入日常教育生活"更为契合当下创业教育的改革要求，这也是本书对创业教育未来的一个热望。

附录 图和表

表5-12-1 两类学生群体（是否接受创业教育）组统计量

	是否接受过创业教育	N	均值	标准差	均值的标准误
创新意识	否	145	2.30	0.783	0.065
	是	228	2.04	0.755	0.050
创业意向	否	145	2.56	0.772	0.064
	是	228	2.27	0.820	0.054
风险评估能力	否	145	2.46	0.799	0.066
	是	228	2.20	0.804	0.053
机会把握能力	否	145	2.37	0.807	0.067
	是	228	2.08	0.772	0.051
团队合作能力	否	145	2.22	0.870	0.072
	是	228	1.95	0.822	0.054
资源整合能力	否	144	2.35	0.880	0.073
	是	228	2.05	0.820	0.054
应变/学习能力	否	145	2.17	0.730	0.061
	是	228	1.96	0.801	0.053
技术发明/创意活动	否	145	2.43	0.832	0.069
	是	228	2.26	0.786	0.052
创业实践/行动	否	144	2.40	0.855	0.071
	是	228	2.21	0.853	0.057
就业能力	否	145	2.39	0.748	0.062
	是	228	2.18	0.828	0.055
对自己未来的事业和创业发展乐观程度	否	148	2.79	0.964	0.079
	是	223	2.50	0.827	0.055

表5-12-2　不同年级学生要素题项重要程度——满意程度评价对比

因变量		(I) 年级	(J) 年级	均值差(I-J)	标准误	显著性	95%置信区间	
							下限	上限
C1	LSD	本科生低年级	本科生高年级	−0.289*	0.133	0.03	−0.55	−0.03
			研究生	−0.184	0.123	0.136	−0.43	0.06
		本科生高年级	本科生低年级	0.289*	0.133	0.03	0.03	0.55
			研究生	0.104	0.118	0.375	−0.13	0.34
		研究生	本科生低年级	0.184	0.123	0.136	−0.06	0.43
			本科生高年级	−0.104	0.118	0.375	−0.34	0.13
C2	LSD	本科生低年级	本科生高年级	−0.248*	0.126	0.049	−0.49	0
			研究生	−0.131	0.117	0.262	−0.36	0.1
		本科生高年级	本科生低年级	0.248*	0.126	0.049	0	0.49
			研究生	0.117	0.111	0.293	−0.1	0.33
		研究生	本科生低年级	0.131	0.117	0.262	−0.1	0.36
			本科生高年级	−0.117	0.111	0.293	−0.33	0.1
C4	LSD	本科生低年级	本科生高年级	0.116	0.136	0.391	−0.15	0.38
			研究生	0.268*	0.126	0.034	0.02	0.52
		本科生高年级	本科生低年级	−0.116	0.136	0.391	−0.38	0.15
			研究生	0.151	0.12	0.208	−0.08	0.39
		研究生	本科生低年级	−0.268*	0.126	0.034	−0.52	−0.02

因变量		(I) 年级	(J) 年级	均值差 (I-J)	标准误	显著性	95%置信区间	
							下限	上限
			本科生高年级	−0.151	0.12	0.208	−0.39	0.08
D2	LSD	本科生低年级	本科生高年级	−0.306*	0.136	0.025	−0.57	−0.04
			研究生	0.006	0.127	0.964	−0.24	0.25
		本科生高年级	本科生低年级	0.306*	0.136	0.025	0.04	0.57
			研究生	0.312*	0.117	0.008	0.08	0.54
		研究生	本科生低年级	−0.006	0.127	0.964	−0.25	0.24
			本科生高年级	−0.312*	0.117	0.008	−0.54	−0.08
D4	LSD	本科生低年级	本科生高年级	−0.277*	0.137	0.045	−0.55	−0.01
			研究生	−0.165	0.128	0.198	−0.42	0.09
		本科生高年级	本科生低年级	0.277*	0.137	0.045	0.01	0.55
			研究生	0.112	0.119	0.348	−0.12	0.35
		研究生	本科生低年级	0.165	0.128	0.198	−0.09	0.42
			本科生高年级	−0.112	0.119	0.348	−0.35	0.12
B1-	LSD	本科生低年级	本科生高年级	0.151	0.133	0.256	−0.11	0.41
			研究生	−0.132	0.124	0.286	−0.38	0.11
		本科生高年级	本科生低年级	−0.151	0.133	0.256	−0.41	0.11
			研究生	−0.284*	0.115	0.014	−0.51	−0.06
		研究生	本科生低年级	0.132	0.124	0.286	−0.11	0.38

因变量	(I) 年级	(J) 年级	均值差(I-J)	标准误	显著性	95%置信区间	
						下限	上限
		本科生高年级	0.284*	0.115	0.014	0.06	0.51
C1-	LSD	本科生低年级	本科生高年级	−0.123	0.13	0.342	−0.38	0.13
		研究生	−0.304*	0.121	0.012	−0.54	−0.07
	本科生高年级	本科生低年级	0.123	0.13	0.342	−0.13	0.38
		研究生	−0.18	0.112	0.11	−0.4	0.04
	研究生	本科生低年级	0.304*	0.121	0.012	0.07	0.54
		本科生高年级	0.18	0.112	0.11	−0.04	0.4
C6-	Tamhane	本科生低年级	本科生高年级	−0.102	0.129	0.817	−0.41	0.21
		研究生	−0.326*	0.131	0.04	−0.64	−0.01
	本科生高年级	本科生低年级	0.102	0.129	0.817	−0.21	0.41
		研究生	−0.224	0.107	0.105	−0.48	0.03
	研究生	本科生低年级	0.326*	0.131	0.04	0.01	0.64
		本科生高年级	0.224	0.107	0.105	−0.03	0.48
D4-	Tamhane	本科生低年级	本科生高年级	−0.213	0.129	0.271	−0.52	0.1
		研究生	−0.318*	0.13	0.045	−0.63	−0.01
	本科生高年级	本科生低年级	0.213	0.129	0.271	−0.1	0.52
		研究生	−0.105	0.119	0.761	−0.39	0.18
	研究生	本科生低年级	0.318*	0.13	0.045	0.01	0.63

因变量		(I) 年级	(J) 年级	均值差 (I-J)	标准误	显著性	95%置信区间	
							下限	上限
			本科生高年级	0.105	0.119	0.761	−0.18	0.39
D6−	LSD	本科生低年级	本科生高年级	−0.134	0.14	0.339	−0.41	0.14
			研究生	−0.306*	0.131	0.02	−0.56	−0.05
		本科生高年级	本科生低年级	0.134	0.14	0.339	−0.14	0.41
			研究生	−0.172	0.12	0.155	−0.41	0.07
		研究生	本科生低年级	0.306*	0.131	0.02	0.05	0.56
			本科生高年级	0.172	0.12	0.155	−0.07	0.41
E3−	LSD	本科生低年级	本科生高年级	0.027	0.144	0.852	−0.26	0.31
			研究生	−0.234	0.134	0.082	−0.5	0.03
		本科生高年级	本科生低年级	−0.027	0.144	0.852	−0.31	0.26
			研究生	−0.261*	0.124	0.036	−0.51	−0.02
		研究生	本科生低年级	0.234	0.134	0.082	−0.03	0.5
			本科生高年级	0.261*	0.124	0.036	0.02	0.51
E7−	LSD	本科生低年级	本科生高年级	−0.109	0.139	0.432	−0.38	0.16
			研究生	−0.301*	0.129	0.021	−0.55	−0.05
		本科生高年级	本科生低年级	0.109	0.139	0.432	−0.16	0.38
			研究生	−0.191	0.119	0.11	−0.43	0.04
		研究生	本科生低年级	0.301*	0.129	0.021	0.05	0.55

因变量		(I) 年级	(J) 年级	均值差(I-J)	标准误	显著性	95%置信区间	
							下限	上限
E8-	LSD	本科生低年级	本科生高年级	0.191	0.119	0.11	−0.04	0.43
			本科生高年级	−0.108	0.136	0.425	−0.38	0.16
			研究生	−0.257*	0.126	0.043	−0.51	−0.01
		本科生高年级	本科生低年级	0.108	0.136	0.425	−0.16	0.38
			研究生	−0.149	0.117	0.204	−0.38	0.08
		研究生	本科生低年级	0.257*	0.126	0.043	0.01	0.51
			本科生高年级	0.149	0.117	0.204	−0.08	0.38

* 均值差的显著性水平为 0.05。限于篇幅仅列出有显著性差异的项。

表5-12-3　要素模块题项重要程度——满意程度评价差异检验

Paired Samples Test

		Paired Differences					t	df	Sig. (2-tailed)
		Mean	Std. Deviation	Std. Error Mean	95% Confidence Interval of the Difference				
					Lower	Upper			
Pair 1	B1	−0.429	1.040	0.052	−0.532	−0.327	−8.216	395	0.000
Pair 2	B2	−0.343	1.005	0.051	−0.443	−0.244	−6.797	395	0.000
Pair 3	B3	−0.447	1.053	0.053	−0.551	−0.342	−8.424	393	0.000
Pair 4	B4	−0.546	1.183	0.060	−0.663	−0.429	−9.159	393	0.000

续 表

		Paired Differences					t	df	Sig. (2-tailed)
		Mean	Std. Deviation	Std. Error Mean	95% Confidence Interval of the Difference				
					Lower	Upper			
Pair 5	B5	−0.511	1.088	0.055	−0.619	−0.404	−9.339	394	0.000
Pair 6	C1	−0.204	1.015	0.051	−0.304	−0.103	−3.976	392	0.000
Pair 7	C2	−0.220	1.004	0.050	−0.319	−0.121	−4.356	395	0.000
Pair 8	C3	−0.186	1.083	0.055	−0.293	−0.078	−3.401	392	0.001
Pair 9	C4	−0.058	1.189	0.060	−0.176	0.059	−0.974	393	0.330
Pair 10	C5	−0.167	1.036	0.052	−0.270	−0.065	−3.205	394	0.001
Pair 11	C6	−0.139	0.928	0.047	−0.231	−0.047	−2.982	394	0.003
Pair 12	D1	−0.423	1.043	0.053	−0.528	−0.318	−7.937	382	0.000
Pair 13	D2	−0.499	1.080	0.055	−0.607	−0.390	−9.035	382	0.000
Pair 14	D3	−0.435	1.096	0.056	−0.545	−0.324	−7.748	381	0.000
Pair 15	D4	−0.359	1.129	0.058	−0.473	−0.246	−6.236	383	0.000
Pair 16	D5	−0.342	0.992	0.051	−0.442	−0.242	−6.745	382	0.000
Pair 17	D6	−0.445	1.123	0.057	−0.558	−0.333	−7.772	383	0.000
Pair 18	D7	−0.245	1.061	0.054	−0.351	−0.138	−4.522	383	0.000
Pair 1	E1	−0.242	1.049	0.053	−0.347	−0.136	−4.518	384	0.000

续　表

		Paired Differences					t	df	Sig. (2-tailed)
		Mean	Std. Deviation	Std. Error Mean	95% Confidence Interval of the Difference				
					Lower	Upper			
Pair 2	E2	−0.260	1.190	0.061	−0.379	−0.140	−4.282	384	0.000
Pair 3	E3	−0.359	1.063	0.054	−0.466	−0.253	−6.628	383	0.000
Pair 4	E4	−0.423	1.070	0.055	−0.531	−0.316	−7.761	384	0.000
Pair 5	E5	−0.338	1.023	0.052	−0.440	−0.235	−6.475	384	0.000
Pair 6	E6	−0.340	0.972	0.050	−0.438	−0.243	−6.872	384	0.000
Pair 7	E7	−0.278	0.978	0.050	−0.376	−0.180	−5.576	384	0.000
Pair 8	E8	−0.285	0.991	0.051	−0.385	−0.186	−5.630	381	0.000
Pair 9	E9	−0.224	1.111	0.057	−0.335	−0.112	−3.950	383	0.000
Pair 10	E10	−0.206	0.952	0.049	−0.303	−0.110	−4.213	377	0.000
Pair 11	E11	−0.225	0.963	0.050	−0.322	−0.127	−4.538	377	0.000
Pair 12	E12	−0.418	1.010	0.052	−0.520	−0.317	−8.077	379	0.000
Pair 13	E13	−0.445	1.106	0.057	−0.556	−0.333	−7.837	379	0.000
Pair 14	E14	−0.366	0.991	0.051	−0.466	−0.266	−7.196	379	0.000

参考文献

［1］ Aldrich H E, Kenan-Flagler A L K, Baker T, et al. The accidental entrepreneur: Campbellian antinomies and organizational foundings ［J］. Variations in Organization Science in Honor of Donald T, 1999, 12（6）:518—519.

［2］ Allen T, O'Shea R. Building technology transfer within research universities : an entrepreneurial approach ［M］. Cambridge：Cambridge University Press, 2014.

［3］ Andrea I. Frank. Entrepreneurship and enterprise skills: A missing element of planning education? ［J］. Planning Practice & Research, 2007, 22（4）:635—648.

［4］ Aronsson M, Birch D. Education matters: But does entrepreneurship education? An interview with David Birch ［J］. Academy of Management Learning & Education, 2004, 3（3）:289—292.

［5］ Arpianen R L, Lackeus M, Täks M, et al. The sources and dynamics of emotions in entrepreneurship education learning process ［J］. A Journal of the Humanities & Social Sciences, 2013,17（17）:331—346.

［6］ Bae T J, Qian S, Miao C, et al. The relationship between entrepreneurship education and entrepreneurial intentions: A meta-analytic review ［J］. Entrepreneurship Theory & Practice, 2014, 38（2）:217—254.

［7］ Baumol W J, Schilling M A, Wolff E N. The superstar inventors and entrepreneurs: How were they educated? ［J］.Journal of Economics & Management Strategy, 2009, 18（3）:711—728.

［8］ Béchard J P, Grégoire D. Entrepreneurship education research revisited: The case of higher education ［J］. Academy of Management Learning & Education, 2005, 4（1）: 22—43.

［9］ Bilán S G, Kisenwether E C, Rzasa S E, et al. Developing and assessing students' entrepreneurial skills and mind-set ［J］. Journal of Engineering Education, 2005, 94（2）: 233—243.

［10］ Blenker P. Entrepreneurship education - The new challenge facing the universities: A framework for understanding and development of entrepreneurial university communities ［J］.American Journal of Obstetrics & Gynecology, 2006, 183（4）:878—882.

［11］ Blenker P, Elmholdt S T, Frederiksen S H, et al. Methods in entrepreneurship education research: a review and integrative framework ［J］. Education + Training, 2014, 56 （8/9）:697—715.

［12］ Boyles T. 21st century knowledge, skills, and abilities and entrepreneurial competencies: a model for undergraduate entrepreneurship education ［J］. Journal of Entrepreneurship Education, 2012（15）:41—56.

［13］ Brazeal D V, Herbert T T. The genesis of entrepreneurship ［J］. Entrepreneurship Theory & Practice, 1999, 23（3）:29—45.

［14］ Brush C G. Exploring the concept of an entrepreneurship education ecosystem ［J］. Advances in the Study of Entrepreneurship Innovation & Economic Growth, 2014 （24）:25—39.

［15］ Burshtein S, Brodie S. Developing a modular entrepreneurship education program : the MILK framework ［J］. Internationalizing Entrepreneurship Education & Training, 2006:1—14.

［16］ Bygrave W,Lange J, Perdomo A. Evaluation of a nationwide German entrepreneurship education program "Exist-Prime- Cup" ［DB/ OL］.http：// www.swinburne.edu. au/ lib/ ir/ onlineconferences/, 2010-03-04.

［17］ Charney A,Libecap G.Impact of entrepreneurship education ［R］.2000. http:// entrepreneurship. eller.arizona.edu/Docs/Evaluation/Impact evaluation_Entrepreneurship program_UA.Pdf.

［18］ Costin Y, Dodd S D, Hynes B, et al. From the zoo to the jungle — Narrative ped-agogies and enterprise education. ［J］. Industry & Higher Education, 2013, 27（6）:421—432.

［19］ Daniel A D. Fostering an entrepreneurial mindset by using a design thinking ap-proach in entrepreneurship education ［J］. Industry & Higher Education, 2016, 30（3）: 215—223.

［20］ Daniel Hjorth. On provocation, education and entrepreneurship ［J］. Entrepre-neurship & Regional Development, 2011, 23（1—2）:49—63.

［21］ Deniss Ojastu, Richard Chiu, Per Ingvar Olsen. Cognitive model of entrepreneur-ship and its reflection in education ［J］.Journal of Enterprising Culture, 2012,19（4）: 397—434.

［22］ Detienne D R, Chandler G N. Opportunity identification and its role in the entre-preneurial classroom: A Pedagogical Approach and Empirical Test ［J］. Academy of Man-agement Learning & Education, 2004, 3（3）:242—257.

［23］ Drakopoulou Dodd S. and Hynes B.C.. The impact of regional entrepreneurial contexts upon enterprise education ［J］. Entrepreneurship & Regional Development, 2012, 24（9—10）:741—766.

［24］ Dunn K. The entrepreneurship ecosystem ［J］.MIT Technology Review,2005（9）.

［25］ Edelman L F, Manolova T S, Brush C G. Entrepreneurship Education: Correspon-dence between practices of nascent entrepreneurs and textbook prescriptions for success ［J］. Academy of Management Learning & Education, 2008, 7（1）:56—70.

［26］ Eesley C E, Miller W F. Impact: Stanford University's economic impact via in-novation and entrepreneurship ［J］. Social Science Electronic Publishing, 2013.

［27］ Etzkowitz H. The second academic revolution and the rise of entrepreneurial sci-ence ［J］. IEEE Technology & Society Magazine, 2001,20（2）:18—29.

［28］ Etzkowitz H. Making a humanities town: knowledge-infused clusters, civic entre-preneurship and civil society in local innovation systems ［J］. Triple Helix, 2015, 2（1）:1.

［29］　Etzkowitz H, Leydesdorff L. Whose triple helix? ［J］. Science & Public Policy, 1999,26（2）:138—139.

［30］　Falkang J, Alberti F. The assessment of entrepreneurship education. ［J］. Industry & Higher Education, 2000, 14（2）:101—108.

［31］　Fayolle A, Gailly B. From craft to science: teaching models and learning processes in entrepreneurship education ［J］. Journal of European Industrial Training, 2012, 40（2）:569—593.

［32］　Fayolle A. Entrepreneurship education at a crossroads: towards a more mature teaching field ［J］. Journal of Enterprising Culture, 2009, 16（4）:325—337.

［33］　Fernando Lourenço, Tony G. Taylor, David W. Taylor. Integrating "education for entrepreneurship" in multiple faculties in "half-the-time" to enhance graduate entrepreneurship ［J］. Journal of Small Business and Enterprise Development, 2013, 20（3）: 503 — 525.

［34］　Fiet J O. The pedagogical side of entrepreneurship theory ［J］. Journal of Business Venturing, 2001, 16（2）:101—117.

［35］　Fuchs K, Werner A, Wallau F. Entrepreneurship education in Germany and Sweden: what role do different school systems play? ［J］. Journal of Small Business & Enterprise Development, 2008, 15（2）:365—381.

［36］　Galloway L, Brown W. Entrepreneurship education at university: a driver in the creation of high growth firms? ［J］. Education + Training, 2002, 44（8/9）:398—405.

［37］　Garavan T N, O' Cinneide B. Entrepreneurship education and training programmes: A review and evaluation- Part 1. ［J］. Journal of European Industrial Training, 1994, 18（8）:3—12.

［38］　Gartner W B. "Who Is an Entrepreneur?" is the wrong question ［J］. American Journal of Small Business 1988（13）:461—467.

［39］　Gibb A.Education for enterprise: training for small business initiation—Some contrasts ［J］. Journal of Small Business & Entrepreneurship, 1987, 4（3）:42—47.

［40］　Gibb A.Enterprise culture and education understanding enterprise education and its links with small business, entrepreneurship and wider educational goals [J]. International Small Business Journal, 1993, 11 (11):11—34.

[41] Gibb A. In pursuit of a new 'enterprise' and 'entrepreneurship' paradigm for learning: creative destruction, new values, new ways of doing things and new combinations of knowledge [J]. International Journal of Management Reviews, 2002, 4 (3): 233—269.

[42] George G, Bock A J. The business model in practice and its implications for entrepreneurship research [J]. Entrepreneurship Theory & Practice, 2011, 35 (1):83—111.

[43] Graevenitz G V, Harhoff D, Weber R. The effects of entrepreneurship education [J]. Journal of Economic Behavior & Organization, 2010, 76 (1):90—112.

[44] Hanne Riese. Enacting entrepreneurship education: The interaction of personal and professional interests in mini—enterprises [J]. Cambridge Journal of Education, 2011, 41 (4):445—460.

[45] Hartshorn C, Hannon P D. Paradoxes in entrepreneurship education: chalk and talk or chalk and cheese?: A case approach [J]. Education + Training, 2005, 47 (8/9): 616—627.

[46] Harkema S J M, Schout H. Incorporating student-centred learning in innovation and entrepreneurship education [J]. European Journal of Education, 2008, 43 (4):513—526.

[47] Heinonen J, Poikkijoki S. An entrepreneurial-directed approach to entrepreneurship education: mission impossible? [J]. Journal of Management Development, 2006, 25 (1):80—94.

[48] Henry C, Hill F, Leitch C. Entrepreneurship education and training: can entrepreneurship be taught? Part II [J]. Education + Training, 2013, 47 (2):98—111.

[49] Hofer A R, Potter J, Redford D, et al. Promoting successful graduate entrepreneurship at the technical university llmenau, Germany [J]. Oecd Local Economic & Employment Development Working Papers, 2013 (3).

[50] Honig B. Entrepreneurship education: Toward a model of contingency-based

business planning ［J］. Academy of Management Learning & Education, 2004, 3（3）: 258—273.

［51］ Hood J N, Young J E. Entrepreneurship's requisite areas of development: A survey of top executives in successful entrepreneurial firms ［J］. Journal of Business Venturing, 1993, 8（2）:115—135.

［52］ Hsu D H, Roberts E B, Eesley C E. Entrepreneurs from technology-based universities: Evidence from MIT ［J］. Research Policy, 2007, 36（5）:768—788.

［53］ Hynes B, Richardson I. Entrepreneurship education: A mechanism for engaging and exchanging with the small business sector ［J］. Education & Training, 2007, 49（8/9）: 732—744.

［54］ Hynes B. Entrepreneurship education and training - introducing entrepreneurship into non-business disciplines ［J］. Journal of European Industrial Training, 1996, 20（8）: 10—17.

［55］ Hynes B, Costin Y, Birdthistle N. Practice-based learning in entrepreneurship education: A means of connecting knowledge producers and users ［J］. Higher Education, Skills and Work-based Learning, 2010, 2（1）:16—28.

［56］ Iglesias-Sánchez, P. P., Jambrino-Maldonado, C., Velasco A P, et al. Impact of entrepreneurship programmes on university students ［J］. Education & Training, 2016, 58（2）:209—228.

［57］ Jack S L, Anderson A R. Entrepreneurship education within the enterprise culture:Producing reflective practitioners ［J］. International Journal of Entrepreneurial Behavior & Research, 1999, 5（3）:110—125.

［58］ Jones C, English J. A contemporary approach to entrepreneurship education ［J］. Education + Training, 2004, 46（8/9）:416—423.

［59］ Jones C, Matlay H. Understanding the heterogeneity of entrepreneurship education: going beyond Gartner ［J］. Education & Training, 2011, 53（53）:692—703.

［60］ Katz, Jerome A. Fully mature but not fully legitimate :A different perspective on the state of entrepreneurship education ［J］. Journal of Small Business Management,2008,

46（4）:550—566.

［61］ Katz Jerome A. The chronology and intellectual trajectory of American entrepreneurship education ［J］. Journal of Business Venturing ,2003（18）:283—300.

［62］ Kets de Vries, M. F. R.The entrepreneurial personality: A person at the crossroads ［J］. Journal of Management Studies, 1977, 14（1）:34—57.

［63］ Kirby D A. Entrepreneurship education: can business schools meet the challenge? ［J］. Education & Training, 2006, 46（8/9）:510—519.

［64］ Kirkwood J, Dwyer K, Gray B. Students' reflections on the value of an entrepreneurship education ［J］. International Journal of Management Education, 2014, 12（3）: 307—316.

［65］ Klandt H, Volkmann C. Development and prospects of academic entrepreneurship education in germany ［J］. Higher Education in Europe, 2006, 31（2）:195—208.

［66］ Kuratko D F. The emergence of entrepreneurship education: Development, trends, and challenges ［J］. Entrepreneurship Theory and Practice, 2005, 29（5）:577—598.

［67］ Kuratko D F, Morris M H, Schindehutte M. Understanding the dynamics of entrepreneurship through framework approaches ［J］. Small Business Economics, 2015, 45（1）:1—13.

［68］ Kwong C C Y, Thompson P, Cheung C W M, et al. The role of environment in fostering conductive entrepreneurial learning: Teaching the 'art' of entrepreneurship in boot camps ［J］. Journal of General Management, 2012, 38（1）:45—71.

［69］ Lackéus M, Middleton K W. Venture creation programs: bridging entrepreneurship education and technology transfer ［J］. Education + Training, 2015, 57（1）:48—73.

［70］ Lautenschläger A.,Haase H. The myth of entrepreneurship education: seven arguments against teaching business creation at universities ［J］. Journal of Entrepreneurship Education, 2011（14）:147—161.

［71］ Lans,Thomas; Oganisjana, Karine; Täks, Marge,et al. Learning for entrepreneurship in heterogeneous groups: experiences from an international, interdisciplinary higher education student programme［J］. TRAMES: A Journal of the Humanities & Social Sciences, 2013,17（4）:383—399.

［72］ Löbler H .Learning entrepreneurship from a constructivist perspective［J］. Technology Analysis & Strategic Management, 2006, 18（1）:19—38.

［73］ Luthans F, Stajkovic A D, Ibrayeva E. Environmental and psychological challenges facing entrepreneurial development in transitional economies［J］. Journal of World Business, 2000, 35（1）:95—110.

［74］ Maritz A, Koch A, Schmidt M. The role of entrepreneurship education programs in national systems of entrepreneurship and entrepreneurship ecosystems［J］. International Journal of Organizational Innovation, 2016, 8（4）:7—26.

［75］ Mars M M. The diverse agendas of faculty within an institutionalized model of entrepreneurship education［J］. Journal of Entrepreneurship Education, 2007(10):43—62.

［76］ Matlay H. The impact of entrepreneurship education on entrepreneurial outcomes［J］. Journal of Small Business & Enterprise Development, 2008, 15（2）:382—396.

［77］ Mckinsey & Company.The power of many: Realizing the socioeconomic potential of entrepreneurs in the 21st century［R］. http://www.g20yea.com/en/wp- content/uploads/ The_Power_of_Many-_McKinsey_Report.pdf.Oct 2011.

［78］ Mcmullan W E, Gillin L M. Developing technological start-up entrepreneurs: a case study of a graduate entrepreneurship programme at Swinburne University［J］. Technovation, 1998, 18（4）:275—286.

［79］ Michael Fretschner and Susanne Weber.Measuring and understanding the effects of entrepreneurial awareness education［J］. Journal of Small Business Management, 2013, 51（3）:410—428.

［80］ Middleton W K, Donnellon Anne. Personalizing entrepreneurial learning: A pedagogy for facilitating the know why［J］. Entrepreneurship Research Journal, 2014, 4（2）:167—204.

［81］ Morris M H, Lewis P S, Sexton D L. Reconceptualizing entrepreneurship: an input-output perspective［J］. Sam Advanced Management Journal, 1994, 59（1）:21—31.

［82］ Morris M.H, Shirokova G. and Tsukanova T. Student entrepreneurship and the university ecosystem: A multi-country empirical exploration ［J］. European J. International Management, 2017,11（1）:65—86.

［83］ Mwasalwiba, E. S. Entrepreneurship education: A review of its objectives, teaching methods, and impact indicators ［J］. Education and Training, 2010,52（1）:20—47.

［84］ Neck H M, Greene P G. Entrepreneurship education: Known worlds and new frontiers ［J］. Journal of Small Business Management, 2011, 49（1）:55—70.

［85］ Nelson A, Byers T. Organizational modularity and intra-university relationships between entrepreneurship education and technology transfer ［J］. 2005, 16（285）:275—311.

［86］ Norbert Kailer. Entrepreneurship education: empirical findings and proposals for the design of entrepreneurship education concepts at universities in german-speaking countries ［J］. Journal of Enterprising Culture, 2009, 17（2）:201—231.

［87］ Norbert Kailer.Evaluation of entrepreneurship education at universities ［DB/OL］. http://www.ibw.at/ibw_mitteilungen/art/gast_195_05_wp.pdf，2017-04-05.

［88］ Oehler A, Höfer A, Schalkowski H. Entrepreneurial education and knowledge: empirical evidence on a sample of German undergraduate students ［J］. The Journal of Technology Transfer, 2015, 40（3）:25.

［89］ O'Shea R P, Allen T J, Chevalier A, et al. Entrepreneurial orientation, technology transfer and spinoff performance of U.S. universities ［J］. Research Policy, 2005, 34（7）:994—1009.

［90］ Oosterbeek H, Van Praag M, Ijsselstein A. The impact of entrepreneurship education on entrepreneurship competencies and intentions: An evaluation of the junior achievement student mini-company program ［J］. European Economic Review, 2008, 54（3）:442—454.

［91］ Peterman N E, Kennedy J. Enterprise education: Influencing students' perceptions of entrepreneurship ［J］. Entrepreneurship Theory & Practice, 2003, 28（2）:129—144.

［92］ Pittaway L, Cope J. Entrepreneurship education: A systematic review of the evidence ［J］. Social Science Electronic Publishing, 2007, 25 （5）:479—510.

［93］ Pittaway L, Hannon P, Gibb A, et al. Assessment practice in enterprise education ［J］. International Journal of Entrepreneurial Behaviour & Research, 2013, 15 （1）:71—93.

［94］ Poter J.G. Entrepreneurship and higher education ［M］.OECD Publishing,2008: 53—59.

［95］ Pruett Mark. Entrepreneurship education: Workshops and entrepreneurial intentions ［J］.Journal of Education for Business，2012, 87 （2）:94—101.

［96］ Rasmussen E A, Sorheim R. Action- based entrepreneurship education ［J］. Technovation, 2006, 26 （2）:185—194.

［97］ Rauch A, Frese M. Psychological approaches to entrepreneurial success: A general model and an overview of findings ［M］// Psychological approaches to entrepreneurship. Psychological Press in association with the International Association of Applied Psychology, 2000:461—74.

［98］ Rice M P, Fetters M L, Greene P G. University-based entrepreneurship ecosystems: a global study of six educational institutions ［J］. International Journal of Entrepreneurship & Innovation Management, 2014, 18 （5/6）:481.

［99］ Richardson I, Hynes B. Entrepreneurship education: towards an industry sector approach ［J］. Education + Training, 2008, 50 （3）:188—198.

［100］Rae D. Practical theories from entrepreneurs' stories: discursive approaches to entrepreneurial learning ［J］. Journal of Small Business & Enterprise Development, 2004,11 （2）:195—202.

［101］ Raichaudhur, Anjan. Issues in entrepreneurship education ［J］.Decision （0304-0941）.2005,32 （2）:73—84.

［102］ Reynolds P, Miller B. New firm gestation: Conception, birth, and implications for research ［J］. Journal of Business Venturing, 1992, 7 （5）:405—417.

［103］ Rideout E C, Gray D O. Does entrepreneurship education really work? A review and methodological critique of the empirical literature on the effects of university-based entrepreneurship education〔J〕. Journal of Small Business Management, 2013, 51（3）: 329—351.

［104］ Roberts J, Hoy F, Katz J A, et al. The challenges of infusing entrepreneurship within non-business disciplines and measuring outcomes〔J〕. Entrepreneurship Research Journal, 2014, 4（1）:1—12.

［105］ Roberts E B, Eesley C E. Entrepreneurial impact: The role of MIT〔R/OL〕. Foundations & Trends in Entrepreneurship, 2013, 51（3）:1-149.http://ssrn.com/abstract= 1352633

［106］ Robinson, Peter B. Engaged learning and the entrepreneurial mind set〔J〕. Journal of the Utah Academy of Sciences, Arts & Letters. 2010（87）:87—110.

［107］ Robinson P, Josien L, Mcgovern R. The Challenge: Experiential Education in Theory and Practice.〔J〕. Journal of the Utah Academy of Sciences Arts & Letters, 2011（88）:114—135.

［108］ Ronstadt R. Entrepreneurship : text, cases and notes〔M〕. Lord Publishing, 1984.

［109］ Schmidt J J, Molkentin K F. Building and maintaining a regional inter-university ecosystem for entrepreneurship: Entrepreneurship education consortium〔J〕. Journal of Entrepreneurship Education, 2015, 18（1）:157—168.

［110］ Sieger, P., Fueglistaller, U., Zellweger, T. Student entrepreneurship 2016: Insights from 50 countries.〔R〕.St.Gallen/Bern: KMU-HSG/IMU. International Report of the GUESSS Project ,2016-11-04.

［111］ Shane S, Venkataraman S. The promise of entrepreneurship as a field of research〔J〕. Academy of Management Review, 2000, 25（1）:217—226.

［112］ Shinnar Rachel, Pruett Mark, Toney Bryan. Entrepreneurship education: Attitudes across campus〔J〕. Journal of Education for Business, 2009, 84（3）:151—159.

［113］ Sluis, J. V. D., Praag, M. V., & Vijverberg, W. Education and entrepreneurship selection and performance: a review of the empirical literature〔J〕. Journal of Economic Surveys, 2008,22（5）:795—841.

［114］ Smilor R W. Entrepreneurship: Reflections on a subversive activity ［J］. Journal of Business Venturing, 1997, 12 （5）:341—346.

［115］ Smith K. Measuring the impact of enterprise education and entrepreneurship support in higher education: Can routinely collected data be of use? ［J］. Industry & Higher Education, 2015, 29 （6）:493—503.

［116］ Smith A J, Collins L A, Hannon P D. Embedding new entrepreneurship programmes in UK higher education institutions ［J］. Education + Training, 2006, 48 （8/9）: 555—567.

［117］ Solomon G T, Weaver K M, Fernald L W, Jr. Pedagogical methods of teaching entrepreneurship: A historical perspective ［J］.Simulation and Gaming,1994, 25 （3）: 338—353.

［118］ Souitaris V, Zerbinati S, Al-Laham A. Do entrepreneurship programmes raise entrepreneurial intention of science and engineering students? The effect of learning, inspiration and resources ［J］.Journal of Business Venturing, 2007, 22 （4）:566—591.

［119］ Stevenson L, Lundström A. Patterns and trends in entrepreneurship/ SME policy and practice in ten economies, entrepreneurship policy for the future ［J］. Swedish Foundation for Small Business Research,2001 （3）:45—68.

［120］ Streeter D H, Jacquette Jr J P, Hovis K. University-wide Entrepreneurship Education: Alternative Models and Current Trends ［Z/OL］. Working Papers, 2002 （2）:1—42.

［121］ The Consortium for Entrepreneurship Education.National Content Standards for Entrepreneurship Education ［EB/OL］.2004 http://www.entre-ed.org/Standards_Toolkit/index.htm.

［122］ Thomas A. Carey, David J. Flanagan, Timothy B. Palmer. An examination of university student entrepreneurial intentions by type of venture ［J］. Journal of Developmental Entrepreneurship, 2010, 15 （04）:503—517.

［123］ Todorovic Z W, NichayaI S. The multi-dimensional nature of university incubators: capability/ resource emphasis phases ［J］. Journal of Enterprising Culture,2008,16 （04）:385—410.

［124］ U.S.Department of Commerce.The innovative and entrepreneurial university: higher education, innovation & entrepreneurship in focus［R/OL］.Oct 2013, http://lassonde. utah.edu/wp/wp-　content/uploads/2013/12/The_Innovative_and_Entrepreneurial_University_Report-Copy.pdf.

［125］ Vesper K H, Gartner W B. Measuring progress in entrepreneurship education ［J］. Journal of Business Venturing, 1997, 12（5）:403—421.

［126］ Valdez J. The entrepreneurial ecosystem: Toward a theory of new business formation ［EB/OL］. ［1988-12-06］.http://sbida.org/Resources/Documents/Proceedings/ 1988%20Proceedings.pdf#page=102.

［127］ Walter S G, Walter A. German universities as business incubators: The influence of entrepreneurship education on students' entrepreneurial intentions［J］. Social Science Electronic Publishing, 2011.

［128］ Welsh D H B, Tullar W L. A model of cross campus entrepreneurship and assessment［J］. Entrepreneurship Research Journal, 2014, 4（1）:95—115.

［129］ Welsh D H B, Tullar W L, Nemati H. Entrepreneurship education: Process, method, or both?［J］. Journal of Innovation & Knowledge, 2016, 1（3）:125—132.

［130］ Winkel D, Vanevenhoven J, Drago W A, et al. The structure and scope of entrepreneurship programs in higher education around the world［J］. Journal of Entrepreneurship Education, 2013, 16:15—29.

［131］ Yael Hochberg,Susan Cohen,Dan Fehder.These are the top 20 US accelerators ［EB/OL］.http://techcrunch.com/2015/03/17/these-are-the-top-20-us-accelerators.

［132］ Yin R K.Case study research:Design and methods［M］.CA:Sage Publications, 1984.

［133］ Zahra S A, Newey L R, Shaver J M. Academic advisory boards' contributions to education and learning: Lessons from entrepreneurship centers［J］. Academy of Management Learning & Education, 2011, 10（1）:113—129.

［134］ 阿伦·拉奥,皮埃罗·斯加鲁菲.硅谷百年史——伟大的科技创新与创业历程（1900—2013）［M］.北京：人民邮电出版社，2014：219，226—242.

［135］ 鲍尔生.德国教育史［M］.北京：人民教育出版社，1986.

［136］ 比尔·雷丁斯.废墟中的大学［M］.北京：北京大学出版社，2008：12—36.

［137］ 伯顿·克拉克.探究的场所：现代大学的科研和研究生教育［M］.杭州：浙江教育出版社，2001：186.

［138］ 布鲁贝克.高等教育哲学［M］.王承绪，等，译.杭州：浙江教育出版社，2001：19—23.

［139］ 曹扬.转变经济发展方式背景下高校创新创业教育问题研究［D］.长春：东北师范大学博士论文，2014.

［140］ 曹祎遐.源于大学校园的创业研究［D］.上海：复旦大学博士论文，2012.

［141］ 曾尔雷.美国创业教育国家内容标准鉴析［J］.教育探索，2010（12）：155—157.

［142］ 柴旭东.基于隐性知识的大学创业教育研究［D］.上海：华东师范大学博士论文，2010.

［143］ 陈向明.质的研究方法与社会科学研究［M］.北京：教育科学出版社，2000：5—19.

［144］ 陈柱兵，黄健，张巍.美国的小企业扶持政策体系［J］.中国财政，2011（2）：70—72.

［145］ 德鲁克.创业精神与创新［M］.上海：上海人民出版社，2002：20.

［146］ 邓汉慧.大学生创业行为产生机理研究［M］.武汉：武汉出版社，2009：147—149.

［147］ 董晓红.高校创业教育管理模式与质量评价研究［D］.天津：天津大学博士论文，2009.

［148］ 范柏乃，蓝志勇.公共管理研究与定量分析方法［M］.北京：科学出版社，2013：40—45.

［149］ 冯程伟，王岳蕾.国内外典型创业教育模式的研究与启示［J］.创新与创业教育，2013（2）：47—49.

［150］ 高树昱.工程科技人才的创业能力培养机制研究［D］.杭州：浙江大学博

士论文，2013.

[151] 高晓杰，曹胜利.创新创业教育——中国高等教育学会创新创业教育研讨会综述［J］.中国高教研究，2007（7）：91—93.

[152] 葛宝山，高洋，蒋大可.Timmons的思想演变及其贡献：对创业学的再思考［J］.科学学研究，2013，31（8）：1207—1215.

[153] 哈贝马斯.合法性危机［M］.刘北成，曹卫东，译.上海：上海人民出版社，2009：10—20.

[154] 韩建立.创业精神的影响因素及其绩效评估［J］.心理科学进展，2005（1）：91—96.

[155] 韩力争.大学生创业自我效能感结构研究［D］.南京：南京师范大学博士论文，2011.

[156] 韩墨.建设"创业型大学"——德国慕尼黑工业大学创业教育纪实［J］.教育，2012（35）：61.

[157] 何郁冰，周子琰.慕尼黑工业大学创业教育生态系统建设及启示［J］.科学学与科学技术管理，2015（10）：41—49.

[158] 侯定凯.创业教育——大学致力于培养企业家精神［D］.上海：华东师范大学博士论文，2000.

[159] 胡桃，沈莉.国外创新创业教育模式对我国高校的启示［J］.中国大学教学，2013（2）：91—94.

[160] 黄兆信，张中秋，王志强，等.欧盟创业教育发展战略的演进、特征与关键领域［J］.高等工程教育研究，2015（1）：91—96.

[161] 季学军.美国高校创业教育的动因及特点探析［J］.外国教育研究，2007（3）：63.

[162] 蒋承，刘彦林.大学生是被动创业吗？——基于起薪视角的讨论［J］.教育与经济，2015（5）：28—33.

[163] 教育部高等教育司组.世界主要国家创业教育情况［M］.北京：高等教育出版社，2012：128—129.

[164] 教育部高教司.创业教育在中国：试点与实践［M］.北京：高等教育出版

社，2006：14.

[165] 教育部教育管理信息中心.国际教育标准分类法［J］.教育参考资料，1998（18）.

[166] 克拉克·克尔.高等教育不能回避历史——21世纪的问题［M］.杭州：浙江教育出版社，2001：82.

[167] 李纯.基于CDIO工程人才本科阶段创业意识和能力培养模式的研究［D］.杭州：浙江大学硕士论文，2015.

[168] 李静薇.创业教育对大学生创业意向的作用机制研究［D］.天津：南开大学博士论文，2013.

[169] 李萌.美国斯坦福大学创业教育研究［D］.保定：河北大学硕士论文，2011.

[170] 李伟铭，黎春燕，杜晓华.我国高校创业教育十年：演进、问题与体系建设［J］.教育研究，2013（6）：42—51.

[171] 李政.以创业教育促进创新型人才培养的理论与路径［J］.高教研究与实践，2011（3）：16—21.

[172] 李钟文，威廉·米勒，玛格丽特·韩柯克，等.硅谷优势——创新与创业精神的栖息地［M］.北京：人民出版社，2000.

[173] 林嵩.创业生态系统、概念发展与运行机制［J］.中央财经大学学报，2011，25（4）：58—62.

[174] 林嵩.创业资源的获取与整合——创业过程的一个解读视角［J］.经济问题探索，2007（6）：166—169.

[175] 林伟连，吴伟.以"IBE"为特色的全链条式创新创业教育体系构建——浙江大学创新创业教育与人才培养实践［J］.高等工程教育研究，2017（5）：154—157，180.

[176] 林文伟.大学创业教育价值研究［D］.上海：华东师范大学博士论文，2011.

[177] 刘林青，夏清华，周潞.创业型大学的创业生态系统初探——以麻省理工学院为例［J］.高等教育研究，2009（3）：19—23.

［178］ 刘青文.OECD报告：德国接受教育和培训的年轻人职业发展良好［J］.世界教育信息，2016（21）：75—76.

［179］ 刘元芳，林莉.国内外知名的高水平研究型大学：概念和特征［J］.大连理工大学学报（社科版），2002（3）：5—7.

［180］ 刘志.服务型学习：美国高校创业教育教学策略的新探索［J］.教育研究，2015（3）：79—83.

［181］ 刘志.大学生创业意向的结构、影响因素及提升对策研究［D］.长春：东北师范大学博士论文，2013.

［182］ 龙飞，王成仁.美国SBIC计划的经验及启示［J］.经济研究参考，2015（28）：3—5，17.

［183］ 鲁公路，李丰也，邱薇.美国JOBS法案、资本市场变革与小企业成长［J］.证券市场导报，2012（8）：10—18.

［184］ 罗泽意.制度变迁视角下大学创业趋向研究［D］.南京：南京农业大学博士论文，2011.

［185］ 马君，郭敏，张昊民.大学生创业模式及其动态演化路径［J］.教育发展研究，2012（3）：59—64.

［186］ 马庆国.管理统计［M］.北京：科学出版社，2002：320.

［187］ 马小辉.创业型大学的创业教育目标、特性及实践路径［J］.中国高教研究，2013（7）：96—100.

［188］ 梅伟惠，陈悦.美国高校创业教育新纪元："创业美国计划"的出台、实施与特点［J］.高等工程教育研究，2015（4）：82—87.

［189］ 梅伟惠.论创业体验学习及其应用［J］.教育研究，2015（2）：117—122.

［190］ 苗青.基于认知观的创业过程研究［J］.心理科学，2005，28（5）：1274—1276.

［191］ 闵维方.高等教育运行机制研究［M］.北京：人民教育出版社，2002：4—20.

［192］ 牛长松.英国高校创业教育研究［M］.上海：学林出版社，2009：274.

［193］ 彭琴.21世纪美国高校创业教育发展研究［D］.上海：华东师范大学硕士

论文，2016.

[194]　彭绪娟，彭绪梅.基于三螺旋理论的创业型大学的创业能力培育探析［J］.黑龙江高教研究，2007（12）：106—108.

[195]　蒲清平，赖柄根，高微.中德大学生创业教育比较［J］.中国青年研究，2010（12）：89—92.

[196]　钱永红.创业意向影响因素研究［J］.浙江大学学报（人文社科版），2007（4）：144—152.

[197]　秦敬民.基于QFD的高校创业教育质量评价研究［D］.天津：天津大学博士论文，2010.

[198]　曲殿彬，许文霞.论高等学校创业教育体系的构建［J］.东北师范大学学报：哲学社会科学版，2009（3）：43—48.

[199]　芮国星.信息时代高校创业教育体系研究［D］.西安：陕西师范大学博士论文，2014.

[200]　桑大伟，朱健.以创业学院为载体推进高校创业教育的有效开展［J］.思想理论教育，2011（11）：70—74.

[201]　沈东华.美国高校创业教育课程设置及其启示［J］.中国高教研究，2014（11）：69—72.

[202]　施冠群，刘林青，陈晓霞.创新创业教育与创业型大学的创业网络构建——以斯坦福大学为例［J］.外国教育研究，2009（6）：79—82.

[203]　宋之帅.工科高校创新创业教育模式研究［D］.合肥：合肥工业大学博士论文，2014.

[204]　石变梅，吴伟，高树昱.纽约大学理工学院创业教育模式探索［J］.现代教育管理，2012（4）：123—127.

[205]　史万兵，娄成武.对研究型大学的历史与现实的思考［J］.高等农业教育，2002（12）：30—32.

[206]　谭远发.机会型和生存型创业的影响因素及绩效比较研究［D］.成都：西南财经大学博士论文，2010.

[207]　唐靖，姜彦福.创业过程三阶段模型的探索性研究［J］.经济师，2008

（6）：189—191.

[208] 田立新，王树涛.我国研究型大学的精英教育：内涵、使命与路径——基于大众化阶段的思考［M］.教育发展研究，2014（13）：114—118.

[209] 童晓玲.研究型大学创新创业教育体系研究［D］.武汉：武汉理工大学博士论文，2012.

[210] 王佳，翁默斯，吕旭峰.《斯坦福大学2025计划》：创业教育新图景［J］.世界教育信息，2016（10）：23—26，32.

[211] 王年军.大学生创业团队的理论与实证研究［D］.武汉：武汉理工大学博士论文，2012.

[212] 王树生.创业教育研究［D］.长春：东北师范大学博士论文，2003.

[213] 王巍.中国大学生创业融资制度创新研究［D］.长春：吉林大学博士论文，2011.

[214] 王以梁.我国大学生科技创业支撑环境研究［D］.沈阳：东北大学博士论文，2014.

[215] 王占仁.广谱式创业教育［J］.教育研究，2015（5）：56—63.

[216] 王占仁.以德国为镜鉴建设良好大学生创业环境［J］.中国高等教育，2010（21）：45—46.

[217] 王占仁.中国高校创新创业教育的学科化特性与发展取向研究［J］.教育研究，2016（3）：56—63.

[218] 王占仁，常飒飒.美国高校创业教育"成熟性""合法性"及"发展趋势"的论争与启示［J］.比较教育研究，2016（1）：7—13.

[219] 王占仁，刘志，刘海滨，等.创新创业教育评价的现状、问题与趋势［J］.思想理论教育，2016（8）：89—94，103.

[220] 王战军.什么是研究型大学——中国研究型大学建设基本问题研究［J］.学位与研究生教育，2003（1）：9—11.

[221] 王转转.有效创业教育模式及其效果评估的探索［D］.大连：东北财经大学硕士论文，2012.

[222] 吴伟，吕旭峰.面向创新创业集成发展的研究型大学学科体系重构［J］.现

代教育管理，2015（1）：73—77.

　　［223］ 武书连.再探大学分类［J］.科学学与科学技术管理，2002，23（10）：51—56.

　　［224］ 席升阳.我国大学创业教育的理论与实践研究［D］.武汉：华中科技大学博士论文，2007.

　　［225］ 徐小洲，李志永.创业教育（普通高校版）［M］.杭州：浙江教育出版社，2009：24—34.

　　［226］ 徐小洲，梅伟惠.高校创业教育体系建设战略研究［M］.杭州：浙江教育出版社，2014：70—77，142—143.

　　［227］ 徐小洲，叶映华.中国高校创业教育［M］.杭州：浙江教育出版社，2010：16—31，86—101.

　　［228］ 徐志强.高校创业型大才培养的双螺旋模式［J］.教育发展研究，2015（5）：30—34.

　　［229］ 薛明扬.沪苏浙皖高校创业教育状况调研报告［M］.上海：华东理工大学出版社，2012：75—76，90—92.

　　［230］ 严毛新.论创业教育的语义泛化［J］.教育研究，2015（3）：72—78.

　　［231］ 杨斌.创业教育的本质是育人兴国［N］.人民日报，2015-5-5（19）.

　　［232］ 杨俊，张玉利，刘依冉.创业认知研究综述与开展中国情境化研究的建议［J］.管理世界，2015（9）：158—169.

　　［233］ 杨丽娟，王庆环.推行高校创业必修课困难多师资缺乏课程分散［N］.光明日报，2012-10-19.

　　［234］ 杨晓慧.我国高校创业教育与创新型人才培养研究［J］.中国高教研究，2015（1）：39—43.

　　［235］ 杨玉兰.加州大学伯克利分校创业教育课程建设探析［J］.世界教育信息，2013（23）：28—31.

　　［236］ 尤莉.美国研究型大学创业教育战略体系的建构及启示［J］.现代教育论丛，2015（4）：71—76.

　　［237］ 游振声.美国高等学校创业教育研究［D］.重庆：西南大学博士论文，

2011.

[238]　于尔根·科卡.资本主义简史［M］.徐庆，译.上海：文汇出版社，2017：序言4，10—18.

[239]　余英时.儒家伦理与商人精神［M］.桂林：广西师范大学出版社，2008：8—16.

[240]　约翰·杜威.民主主义与教育［M］.王承绪，译.北京：人民教育出版社，2001.

[241]　湛军.高校创业教育课程框架建设的理论探索［J］.理工高教研究，2007（4）：63—67.

[242]　张呈念，徐丹彤，谢志远.成果应用型创业实践：高校创业实践的新途径［J］.教育发展研究，2014（11）：70—74.

[243]　张昊民，马君.高校创业教育研究——全球视角与本土实践［M］.北京：中国人民大学出版社，2012：76—77.

[244]　张薇.生存型创业与机会型创业影响因素研究［D］.广州：华南理工大学硕士论文，2011.

[245]　张帏，高建.斯坦福大学创业教育体系和特点的研究［J］.科学学与科学技术管理，2006（9）：147—148.

[246]　张玉利，白峰.基于耗散理论的众创空间演进与优化研究［J］.科学学与科学技术管理，2017（1）：22—29.

[247]　张玉利，李政.创新时代的中国创业教育研究与实践［M］.北京：现代教育出版社，2006：1—12.

[248]　张玉利，赵都敏.新企业生成过程中的创业行为特殊性与内在规律性探讨［J］.外国经济与管理，2008，30（1）：8—16.

[249]　赵金华.基于科技创新的我国理工院校创业教育［D］.南京：南京师范大学博士论文，2014.

[250]　赵中建，卓泽林.美国研究型大学在国家创新创业系统中的路径探究——基于美国商务部《创新与创业型大学》报告的解读与分析［J］.全球教育展望，2015（8）：41—54.

［251］ 周其凤，王战军.研究型大学与高等教育强国［M］.北京：科学出版社，2009.

［252］ 朱菲菲，由由，丁小浩.大学生自主创业及高校实践工作现状的调查分析［J］.教育学术月刊，2017（1）：76—83.

［253］ 朱红，张优良.北京高校创业教育对本专科生创业意向的影响机制——基于学生参与视角的实证分析［J］.清华大学教育研究，2014（6）：100—107.

［254］ 朱健.高校创业教育应着力构建创业生态体系［J］.中国高等教育，2015（17）：14—17.